Poesía completa

Letras Hispánicas

Mariluz Escribano Pueo

Poesía completa

Edición de Remedios Sánchez

CÁTEDRA
LETRAS HISPÁNICAS

1.ª edición, 2022

Ilustración de cubierta: Gustave Courbet, *Mar en calma* (1866)

PAPEL DE FIBRA
CERTIFICADA

Juan Ignacio Luca de Tena, 15. 28027 Madrid
Depósito legal: M. 19.796-2022
ISBN: 978-84-376-4496-7
Printed in Spain

Índice

Introducción

Mariluz Escribano, de niña, con su violín en una de las torres de la Escuela Normal de Maestros. Granada, 1943.

Literatura sumergida y construcción del canon (cuestión ideológica y social nada inocente)

Solo la verdad nos salva: decir lo que ha sucedido, contar la Historia y las historias (nombrar la vida, la muerte, el desamparo, la melancolía, la guerra, aquel jardín), la verdad de las circunstancias sociohistóricas que condicionan el devenir de una sociedad y las verdades pequeñas, esas que afectan a la cotidianeidad de cada persona y que, a la postre, son las que pueden provocar un terremoto cuando menos se espera y participar en la transformación del pensamiento social. Esa es la voluntad de este trabajo: rescatar la memoria, revelar una poesía sumergida que, durante décadas y como la de tantas otras mujeres, ha permanecido oculta, vulnerada en su dignidad silente.

El canon literario[1] se ha ido forjando de esta manera, con el encubrimiento sistemático de la literatura de las mujeres, especialmente si el texto —ya fuera poético, narrativo o dramático— contravenía las normas socialmente establecidas. Las escritoras, ya se sabe, han sido habitantes de los márgenes a lo largo de los siglos. Desde santa Teresa de la Cruz o María de Zayas a Gloria Fuertes, Ángela Figuera Aymerich, Alejandra Pizarnik,

---

[1] Entendido al modo de Gates como «cuaderno de lugares comunes de nuestra cultura común, donde copiamos los textos y títulos que deseamos recordar, que tuvieron algún significado especial para nosotros» (1998, 165).

María Mercedes Carranza o Mariluz Escribano pasando por sor Juana Inés de la Cruz, Cecilia Böhl de Faber (obviamos intencionalmente su nombre masculinizado, Fernán Caballero) Juana de Ibarbourou, Delmira Agustini, Gabriela Mistral, Magda Portal, Rosario Castellanos o María Teresa León. La nómina de las autoras en el ámbito del español como patria compartida podría ser tan extensa que daría para una enciclopedia de varios tomos. Y, sin embargo, han sido solo sombra, silencio y omisión intencionada, porque lo que no se nombra no existe y a las estructuras patriarcales que dominaban la construcción generacional canónica no les interesaba sumar a estas mujeres, clara evidencia de talento literario, alta sensibilidad y rotunda independencia para decir, para expresarse como a cada una le pareció oportuno. Demasiada libertad creadora conllevaba pagar el peaje del olvido, toda vez que suponía no someterse a las líneas marcadas por quienes han otorgado carta de naturaleza a lo que era válido o no en cada época.

En algún momento tenía que doblegarse ese poder cultural que, desde su voluntad de proselitismo ejerciente[2], afectaba a todos los órdenes artísticos, por la democratización[3] de la crítica que ha pasado de ser el espacio privado de unos pocos, ungidos por el *establishment* ideológico atendiendo a su «nobleza cultural» (Bourdieu, 1998, 23), a un teórico saber arcano que no alcanzaban el resto de individuos[4]. La clave reside aquí en el verbo «decidir». Joana Russ hacía énfasis en una idea plenamente vigente:

---

[2] Baugman (2017), págs. 13-14.

[3] A eso aludía en R. Sánchez García, *Así que pasen treinta años. Historia interna de la poesía española,* Madrid, Akal, 2018.

[4] ¿Quién decide y por quién?, se planteaba no hace tanto Mignolo (1991, 256).

> la historia de la literatura sigue perpetuando el círculo vicioso por el que las mujeres virtuosas no podían saber lo suficiente de la vida como para escribir bien, mientras que aquellas que sabían lo suficiente de la vida como para escribir bien no podían ser virtuosas (1998, 65).

Y eso es válido desde los orígenes hasta anteayer. Ese círculo vicioso y viciado solo se rompe en mil pedazos cuando dejan de decidir los de siempre, los que aplican un doble rasero, los que pervierten con categorizaciones deformadoras de la realidad con la misma supuesta inocencia de quien, en una feria, se pasa un rato en un laberinto de espejos deformantes: la imagen que se proyecta en tales espejos (léase crítica patriarcal) está desfigurada, juega a ser un divertimiento. Es falsa. Pero nadie, cuando escribe un ensayo de estudio/análisis de una etapa literaria, o bien cuando se estructura una antología, está jugando. O por lo menos, no debería haberlo entendido como tal, porque lo que está haciendo es juzgar el valor/ausencia de valor para los lectores (y lectoras) y colabora activamente para perpetuar una visión de lo literario, que es casi como decir la visión global del mundo en una época determinada.

Entre los pliegues de estas obras, en sus huecos en blanco, en estos silencios, en lo que no se dice, está la escritura de las mujeres (otra cosa distinta de la que no hablamos aquí es la literatura femenina), su voz identitaria y su palabra precisa. La de (casi) todas. Mariluz Escribano Pueo (Granada, 1935-2019) es una de ellas, una pionera en múltiples facetas, una de esas marginadas por el canon que, simplemente por una cuestión de justicia literaria, no puede seguir en el ostracismo. Preterida durante décadas, su obra poética responde claramente a las necesidades de este momento convulso de extremismos y pone el foco en cuestiones esenciales que deben preocuparnos como sociedad: la memoria, la historia o la expresión de las emociones con palabras claras y rotundas que restallan como un látigo porque responden a una verdad que es la de toda una generación que no tuvo la oportunidad de explicarse, de contar o de cantar lo que se ha perdido desde la melancólica tristeza de quien guarda un secreto obligado. A todo ello aludíamos al principio al afirmar que únicamente la verdad nos salva. Para Mariluz, la gran heredera del ideario de Machado y su actitud de compromiso ético ajustado al mundo que le tocó vivir y sufrir, «Después de tantas lluvias / y atardeceres lentos, / ahora es tiempo de paz, / de paz y de memoria».

«Una historia que no fue infancia alegre, / sino aquello que no pude contar» (Apuntes biográficos del natural)

La infancia es una patria

Mariluz Escribano Pueo nació en Granada el 19 de diciembre de 1935, en los prolegómenos de la guerra civil española. La República ya venía resintiéndose desde su primer bienio con una progresiva fragmentación ideológica y estructural, pero ese año de 1935 el país vivía ya una confrontación directa entre los defensores de la democracia que representaban las urnas y quienes apostaban todo a una intervención militar. Ello se hizo evidente en las elecciones del 16 de febrero de 1936, en las que la polarización llegó al extremo, por un lado, con la confrontación entre el Frente Popular (coalición de partidos de izquierda liderada por Azaña) y, por otro, la CEDA (capitaneada por Gil Robles, representando a la ultraderecha radical antidemocrática»[5]). Los sufragios dieron el triunfo al Frente Popular, pero la

[5] Reivindicaba «un Gobierno autoritario, de plenos poderes» según González Calleja (2011, 287).

CEDA no aceptó el resultado y el enfrentamiento se antojaba claro, toda vez que la anarquía iba alcanzando ya cotas inasumibles.

Y, entre unos y otros, izquierda y derecha, que se lanzaban los insultos a la cara en las sesiones parlamentarias y en los periódicos para caldear el ambiente, hallamos al pueblo llano, que observaba aterrorizado como poco a poco se iban radicalizando las posturas, hasta que se produjeron los acontecimientos ya de sobra conocidos por todos tras la rebelión militar del 18 de julio de 1936; y que provocaron la muerte más de 700 000 españoles y españolas, no solo en las trincheras, en una guerra de hermanos contra hermanos o padres contra hijos, sino también en muchísimos casos, vilmente fusilados en la retaguardia, ya fuera por sus ideas, por rencillas ajenas a lo ideológico o, simplemente, por la ignominia perversa de individuos que aprovecharon para dar rienda suelta a sus instintos asesinos. Gil Andrés (2014) y Moradiellos (2016) hablan de 600 000 muertos en los diferentes frentes, especialmente en el del Ebro; pero a esos hay que sumar los casi 100 000 muertos en las zonas de retaguardia (los fusilados por uno u otro bando, como apunta Tusell, 1999, los que están en fosas nunca halladas o en una cuneta al lado del camino).

En ese grupo mayoritario de españoles que se encontraban al margen de la política, toda vez que su activismo era social, estaban Agustín Escribano y Luisa Pueo y Costa[6]. Agustín, nacido en Pedrosa del Príncipe (Burgos) en 1892, había llegado a Granada en su adolescencia. Hijo de una familia de agricultores, se pudo desplazar gracias a que Andrés Manjón, catedrático de Derecho, sacerdote y fundador de las Escuelas del Ave-María era de Sargentes de Lora, un pueblo cercano al de sus padres y facilitó que pudiera

[6] Sobrina del pensador y jurista aragonés Joaquín Costa, defensor de la idea de «escuela y despensa».

trasladarse como alumno becado para formarse acorde a la pedagogía activa avemariana. Tras estudiar Magisterio, se licencia en Filosofía y Letras (sección Geografía e Historia) y, después de una estancia corta en otras ciudades, se integró como docente en la Escuela Normal de Maestros de Granada en 1920. Evidentemente, sus simpatías estaban con una República que había aumentado exponencialmente las escuelas en un país prácticamente analfabeto en 1930[7]; ningún gobierno anterior se había preocupado por la formación educativa del pueblo como hasta este periodo en que se estaban siguiendo, con notable éxito, los preceptos de la Institución Libre de Enseñanza, tan influenciada por el krausismo alemán. La España previa a 1931 era un país atrasado y eminentemente agrario (exceptuando parte de Cataluña y el País Vasco con una mínima industrialización); la propiedad de la tierra, organizada en latifundios inmensos —singularmente en Andalucía y Castilla—, estaba en manos de los grandes terratenientes pertenecientes a la alta burguesía o la nobleza.

Es sabido que esta oligarquía (y ahí se incluye a la Iglesia, preocupada por perder sus privilegios dentro de un Estado aconfesional) era afín a la ultraderecha, radicalmente opuesta a las reformas para la mejora de las condiciones de vida del campesinado o los obreros, la transformación del sistema educativo (incluyendo cambios legales que implicaban una formación laica, bilingüe en las zonas con segunda lengua, la mentada ampliación del número de escuelas por todo el territorio, la dignificación de la figura de los maestros/as y el imprescindible perfeccionamiento de su formación)[8] o a cualquier modificación de régimen estruc-

---

[7] La tasa de analfabetismo superaba el 40%. Se pretendía construir 27 151 escuelas de educación primaria por todo el país en cinco años (1931-1936) para el más de un millón de niños y niñas analfabetos con el que contaba España (véase Ley de 22 de octubre de 1931).

[8] Todo lo expuesto se recoge en la Ley de 22 de octubre de 1931. Se pone en marcha también el Plan Profesional de 1931 (Decreto de 29 de

tural socioeconómico que supusiera romper esas grandes heredades y dividirlas entre los jornaleros, tal y como se pretendía con la reforma agraria. Así pues, se negaron a cualquier negociación con los sindicatos del campo y se opusieron frontalmente a los pilares en los que buscaba asentarse la II República («España es una República de trabajadores de toda clase, que se organizan en régimen de Libertad y de Justicia. Los poderes de todos sus órganos emanan del pueblo», dice en su artículo 1.º la Constitución de 1931), habida cuenta de que lo interpretaban como un ataque frontal a la ideología tradicional, mantenida a lo largo de los siglos. A propósito de esto, Malefakis ha afirmado que «la naturaleza democrática del régimen republicano contribuyó al fracaso de la reforma agraria» (1971, 448). Atendiendo a que solo desde la democracia se puede corregir legítimamente el rumbo de una nación y a que el grado de miseria era altísimo, la probabilidad de revueltas civiles y enfrentamientos era previsible y responde a lo sucedido en 1934 y años sucesivos, cuando empieza a desmoronarse la ilusión de la II República.

Y es en este contexto, que abarca de 1931 a 1936, en el que Agustín Escribano había tenido un peso específico dentro de una ciudad dividida entre los grandes propietarios (florecientes gracias a la explotación de la caña de azúcar y a los cultivos de tabaco) y los jornaleros o los obreros (artesanos, albañiles, etc.) que sobrevivían con míseros salarios. Ejercía como director de la Escuela Normal de Magisterio desde 1931 (estaba en su tercer mandato en 1936), había logrado culminar el traslado desde un edificio ruinoso de la calle Ballesteros a otro nuevo en la Gran Vía que

---

septiembre de 1931) que sustituye al de 1914. Implica este ambicioso y modernizador Plan Profesional que se unifican las Escuelas Normales de maestros y maestras, hasta ahora segregadas por sexos, en una única institución nominada Escuelas Normales de Magisterio Primario que requería, además, un examen de acceso más riguroso.

fue inaugurado el 1 de octubre de 1933 por el presidente de la República, Niceto Alcalá Zamora, aprovechando que Escribano tenía una magnífica relación personal con Fernando de los Ríos, ministro de Justicia, primero, y de Instrucción Pública[9], después. Se empeñó en que esta nueva localización estuviese dotada con los medios necesarios requeridos por los especialistas en cada área de conocimiento a fin de lograr la adecuada formación de los futuros maestros y maestras y, apoyándose principalmente en Hermenegildo Lanz, profesor de Dibujo de La Normal[10], pintor, escenógrafo y diseñador, trazaron el mobiliario, buscaron en las asociaciones sindicales el personal necesario pagando jornales legítimos y razonables, y pusieron en marcha un proyecto para la formación docente largamente ambicionado. Lo que no tuvo en cuenta Agustín fue que con ello se

[9] De hecho, fue el traslado de don Fernando a Madrid para tomar posesión de una cátedra de Derecho en la Universidad Central y de su mujer, Gloria Giner de los Ríos, lo que propicia que Agustín conozca a su futura mujer, Luisa Pueo y Costa, inspectora de Primera Enseñanza con destino en Granada y la concursante que obtuvo la plaza de catedrática de Lengua y Literatura que quedaba vacante por la excedencia de doña Gloria en septiembre de 1932 (O. Ruiz-Manjón, «Gloria Giner de los Ríos. Noticia biográfica de una madrileña», *Cuadernos de Historia Contemporánea,* 265-272, 2007, pág. 270). Recuperado de: <https://revistas.ucm.es/index.php/CHCO/article/view/CHCO0707220265A>).

[10] Hermenegildo Lanz (1893-1949), cofundador con Federico García Lorca de la tertulia «El Rinconcillo» fue el autor de la cartelería del Concurso del Cante Jondo (1922), de la escenografía de las obras de títeres de cachiporra que se representaron en la casa de la familia Lorca el día de Reyes de 1923: *Los dos habladores,* la obra de Federico *La niña que riega la albahaca y el príncipe preguntón* y el auto sacramental del siglo XIII, *El Misterio de los Reyes Magos*. Manuel de Falla eligió la música, centrada en fragmentos de composiciones de Pedrell, Albéniz, Ravel, Debussy o Stravinski. Este proyecto está en la base de lo que supuso *El retablo de maese Pedro,* de Manuel de Falla, cuyas marionetas y decorados son igualmente obra de Lanz. Para ampliar, véase Juan Mata Anaya, *Apogeo y silencio de Hermenegildo Lanz,* Granada, Diputación Provincial, 2004.

Agustín Escribano, padre de Mariluz, en 1936.

ponía en contra a los caciques que, desde ese instante, lo vieron como un enemigo. En el ámbito personal, en enero de 1935, tras un corto noviazgo con la profesora de La Normal y secretaria de la Residencia de Señoritas Normalistas, Luisa Pueo y Costa, contrajeron matrimonio[11].

Nueve meses después, el 19 de diciembre de 1935, nació su primera y única hija, Mariluz[12]. Entretanto, la situación se iba enconando por horas en Granada. La tensión entre la multitud de pobres y los prebostes de la ciudad cada vez se agravaba más; eran frecuentes los tumultos y huelgas reivindicando derechos sociales. Para aplastarlos, se utilizaba al ejército, liderado por el jefe de las milicias de Falange[13], el comandante José Valdés Guzmán. Precisamente este mismo oficial, junto a otros compañeros borrachos, intentó entrar en la Residencia de Señoritas Normalistas para sacar por la fuerza a una estudiante a altas horas de la madrugada. Luisa Pueo lo impidió y, al día siguiente, Agustín Escribano puso una denuncia en el juzgado señalando a Valdés como cabecilla[14]. El destino había jugado sus cartas y la suerte estaba echada.

---

[11] Aragonesa de nacimiento y sobrina de Joaquín Costa, Luisa se había formado en la Universidad Central y en la Escuela de Estudios Superiores de Magisterio con profesores como Unamuno o Zubiri.

[12] El nombre completo era María de la Luz Paula Genoveva Escribano Pueo.

[13] Falange Española fue un partido político a imitación de los fascismos preconizados por Hitler en Alemania y Mussolini en Italia, que fundan en 1933 José Antonio Primo de Rivera y Rafael Sánchez Mazas. En 1934 se fusionó con los otros radicales de ultraderecha, los nacionalsindicalistas de las Juntas de Ofensiva Nacional-Sindicalista (JONS) que había creado Onésimo Redondo. El resultado fue Falange Española y de las JONS, liderada por Primo de Rivera apoyado por colaboradores como Redondo y su «violencia saludable» (Payne, 1997, 192).

[14] La propia Mariluz Escribano explicó estos acontecimientos en prensa: «mi padre se enfrentó a José Valdés, meses antes de la sublevación militar. Pretendía Valdés, junto a unos amigos, sacar de la Residencia [sic. a la Residencia de Señoritas Normalistas] a una joven a altas horas de la

Cuando llega el 17 de julio de 1936, Granada es una de las primeras capitales que toman partido por los sublevados[15]. Valdés Guzmán se autodesigna gobernador civil y, desde su despacho en la calle Duquesa, lidera la rebelión contra la II República y empiezan las persecuciones, los encarcelamientos y los asesinatos de políticos republicanos, intelectuales, obreros, campesinos, docentes... Víznar, Alfacar, las tapias del Cementerio de San José fueron los lugares escogidos para el tiro en la frente a Salvador Vila (rector de la Universidad de Granada), Jesús Yoldi (catedrático de Química), José Palanco Romero (catedrático de Historia), Joaquín García Labella (catedrático de Derecho), Manuel Fernández-Montesinos (abogado y alcalde de Granada), Federico García Lorca o Agustín Escribano, entre otros miles de personas, cuyos nombres fueron recogidos por Molina Fajardo (1983, 404 y ss.).

Procede dejar constancia aquí de que el asesinato de Agustín Escribano no obedeció exclusivamente a una motivación ideológica. Evidentemente, la alta burguesía nunca vio con buenos ojos sus avances en pro de la educación, su compromiso ético con los desfavorecidos ni que hubiera pertenecido durante algún tiempo a Izquierda Republicana, corriente integrada en el Frente Popular de izquierdas que se oponía a la CEDA en 1936 y del que fue expulsado pocos meses después por no querer asumir sus posicionamientos radicales. No obstante, también hay que señalar que fue

---

madrugada, cosa impensable. Mi madre, como directora, se negó, obviamente y montaron un escándalo. Al día siguiente mi padre lo denunció en el juzgado. Firmó con ello su sentencia de muerte, pues Valdés no se lo perdonó nunca y en cuanto tuvo oportunidad, lo apresó y lo fusiló. Ocurrió el 11 de septiembre de 1936. Con una perversión añadida: primero lo fusiló y después lo cesó como director de La Normal» (José Antonio Muñoz, «La verdad tras el fusilamiento de Agustín Escribano». *Ideal,* 14 de noviembre de 2015, pág. 63).

[15] Desde el 20 de julio los militares de más alta graduación sublevados toman el control del gobierno de la ciudad.

precisamente Ramón Ruiz Alonso, vecino suyo en la calle Carril del Picón, «el obrero amaestrado» de la CEDA que denunció y apresó a Federico García Lorca, quien le aconsejó que se escondiera nada más tener conocimiento de que Valdés había ordenado su arresto. Agustín se ocultó en el domicilio de un amigo durante un mes[16], pero pesó mucho en él la imposibilidad de estar con su esposa y su hija recién nacida, una hija muy deseada, y retornó a su domicilio. Así, una vez que fue citado el 29 de agosto, el 4 de septiembre se entregó el pliego de descargo preceptivo donde exponía la inocencia de los cargos presentados, pero el 9 del mismo mes, lo condujeron a la calle Duquesa, sede del Gobierno Civil. El fusilamiento tuvo lugar en la noche del 11 al 12 de septiembre de 1936 en las tapias del cementerio de Granada[17]. En noventa y seis horas entre su encarcelamiento y su asesinato, Luisa había intentado infructuosamente lograr apoyos para su liberación. De hecho, se dirigió al primo hermano del padre de Agustín, Víctor Escribano, catedrático universitario y prócer católico de ultraderecha con gran predicamento en las nuevas estructuras, que le respondió contundentemente: «Él se lo ha buscado». Tras esa conversación, Luisa y Víctor nunca más volvieron a dirigirse la palabra[18].

---

[16] D. Antonio Vilches López, inspector de Primera Enseñanza. En honor a esa gran amistad, de las pertenencias que le devolvieron de Agustín tras el fusilamiento, Luisa le regaló el reloj y los gemelos. En declaraciones a Francisco Gil Craviotto explica «vivíamos en el carril del Picón [...] tabique por medio con Ramón Ruiz Alonso [...] se portó muy bien con nosotros. Poco después del golpe de Estado le dijo a mi padre: "don Agustín, escóndase usted porque lo buscan". Mi padre se escondió en casa de un amigo. Pero al cabo de un mes, como no había hecho nada...» (Gil Craviotto, 1994, 14).

[17] Fueron 40 los asesinados esa noche por orden del Juzgado Militar a cargo de Sebastián Morales Lara según Molina Fajardo. Entre ellos, también el catedrático de Medicina Rafael García-Duarte Salcedo (cfr. Molina Fajardo, 1983, pág. 411).

[18] Todos los detalles de esta historia los conocemos directamente por Mariluz Escribano Pueo.

Es relevante mencionar que, antes de ser asesinado, Agustín dejó escritas sendas cartas. Procede reproducir aquí la primera de ellas, dirigida a su esposa, porque aporta datos sobre su actitud, heredados luego por esa hija que no pudo educar, pero que vienen a sustentar la actitud y comportamiento de la niña y el posterior desarrollo de su obra poética:

> Queridísima Luisa: Adiós, muero inocente. Tú lo sabes. No podré dejar a nuestra hija más que un nombre honrado; procura inculcarle los mejores sentimientos cristianos. Cuando puedas ir a Pedrosa abraza a todos como yo los abrazaría en este instante supremo; también a María le dirás que la he querido como a una hermana. Adiós otra vez, hasta que nos veamos en otra vida[19].

Desde ese instante, la vida de Luisa (a la que, aparte de asesinarle al marido y padre de su hija, habían destituido de sus labores docentes, desposeído de todo su patrimonio y embargado sus cuentas) y de la pequeña Mariluz (con sus once meses) en Granada se hace insoportable. A Luisa Pueo también le habían abierto un expediente por simpatizante de izquierdas y, con fecha 12 de marzo de 1937, se le comunica su traslado forzoso a la Escuela Normal de Palencia mientras se investigaban los cargos de los que había sido acusada. Será allí, en el frío palentino, donde la niña Mariluz dé sus primeros pasos; su madre procura que mantenga su relación con la familia paterna, residente en Pedrosa del Príncipe. Así lo expone la escritora en sus recuerdos literarios:

> Palencia, la ciudad severa y románica del exilio forzoso para mi madre, y Pedrosa del Príncipe, solar de mi familia en Burgos, fueron los otros lugares por donde pisaron los zapatos de mi infancia. Tierra del frío y el viento desapaci-

---

[19] Carta que obra en poder de la familia Escribano Pueo y queda recogida en la primera parte de las memorias de la escritora, *Sopas de ajo* (2001).

> ble en las que se encendieron las hogueras de mi memoria. [...] todos los amores necesitan un paisaje, que puede ser moral o físico, y todas las infancias una patria que se va construyendo, desde la imaginación, a través de la mirada y los gestos de las gentes próximas. Ojos que miran acendradamente cómo crece tu niñez, y manos que te levantan en el aire y te ayudan a grabar en la memoria la materia sensitiva y necesaria que sustentará tu mundo en el futuro (2000, 25-26).

En Pedrosa del Príncipe pasarán los veranos, tratando de mantener a la pequeña al margen del dolor inmenso de la sangre derramada. Las tías, Dolores y Obdulia Escribano, serán primordiales para construir la identidad de Mariluz, esa conexión con la figura del padre ausente, hijo y nieto de campesinos, segador de trigo y vendimiador en vacaciones, amante de las estrellas, que observaba cada noche desde el cercano cotorro del Aro; un hombre con la mirada abierta a un mundo limpio de traiciones y vilezas que trascendía la polarización del constructo ideológico de las dos Españas, la de la revolución con tintes anárquicos que se va gestando desde 1933 y la de la tradición anquilosada secularmente, a las que se refirió con tanto acierto don Antonio Machado.

Y los meses y los años fueron transcurriendo; para Mariluz, ajena a las circunstancias terribles de la orfandad y las consecuencias de una contienda fratricida. En el caso de Luisa, procurando restituir su honor y el de su esposo a través de sucesivos escritos. Cambil Hernández, que tuvo acceso a los expedientes tanto de Luisa como de Agustín, anota:

> el 9 de septiembre [de 1936] el Gobierno Militar de Granada encargado del procedimiento de Intervención de los Bienes del Frente Popular le había abierto un expediente al matrimonio al que se unió otro de Responsabilidades Políticas, expedientes que siguieron su curso y que se resolvieron prácticamente en 1940 (2020, 58).

Su lucha personal tuvo dos vías: limpiar el nombre de su esposo y el suyo propio, y aislar a Mariluz de cualquier sentimiento de odio y rencor contra los asesinos. Será en 1939, en escrito recuperado igualmente por Cambil Hernández (2020) en el que se defienda (hasta donde le era posible) de las imputaciones:

> La que suscribe en el expediente núm. 11 de 1938 que se sigue contra la misma y su esposo don Agustín Escribano Escribano (q.e.p.d), formula el presente escrito de defensa.
>
> Pocos esfuerzos tengo que hacer para desvanecer toda duda sobre la actuación de mi esposo y mía, por no hablar en el expediente siquiera una acusación concreta bastante a justificar la sanción más pequeña.
>
> Por lo que respecta a mi marido, se destaca sobre todo el hecho indiscutible que empezó a ser Director de la Escuela Normal de maestros de Granada en enero de 1931, mediante nombramiento de la Monarquía, y sin interrupción desempeñó el cargo hasta el 22 de julio de 1936, lo que denota que no fue a él por consecuencia del advenimiento de la República, no le sirvió esta para nada, sus dotes de saber y competencia le hicieron mantenerse en dicho cargo. Considerarle como del Frente Popular, equivale a prescindir de lo actuado. Bien claro resulta en el expediente que mucho antes de que el Glorioso Movimiento Nacional se produjera, no pertenecía a Izquierda Republicana, salió de ella no de una manera privada, ocultando el motivo, sino públicamente y por discrepancia de la orientación extremista que al partido se le quería imprimir, siendo expulsado, y en los periódicos locales, primero, y en los de toda España después, se dio la noticia y el nombre de mi marido se consignó entre otros. Este hecho nadie lo ignora, en la conciencia de todos está que mi esposo si en algún momento llegó a creer en Izquierda Republicana, fue por entender que era un partido político sano, capaz de gobernar al país dentro del orden y la justicia; mas percatado de lo contrario se convirtió en detractor de este, y por su rebeldía mereció ser expulsado.

Si la lógica no ha dejado de serlo, la conclusión a que debe llevar el anterior razonamiento es que don Agustín Escribano Escribano no era ni podía ser de Izquierda Republicana el 18 de julio de 1936; luego cuanto se informe en sentido distinto a lo expuesto, es faltar a la verdad abiertamente, pues de aceptar la tesis de que lo que se sabe de oídas ha de prevalecer sobre lo que es de ciencia propia, es privar de toda garantía a la justicia y prestar asentimiento a los informes incorrectos, tendenciosos, apasionados, exentos de garantías, emitidos por personas que ni siquiera conocían a mi marido, es darle categoría de prueba plena a lo que no la tiene. Basta con señalar el detalle de que si respondieran a la expresión de un hecho cierto, todos dirían lo mismo, y si se examina uno por uno se observará que la coincidencia no existe. Analizando el informe más duro, que es el de la Guardia Civil, se observará que su valor es más aparente que real ya que después de recargar los trazos, catalogando a mi esposo como hombre de izquierdas y de lanzar otras imputaciones, termina diciendo que lo dicho lo pueden justificar los señores Herce, Castillo y Villena, es decir que lo que la Guardia Civil informa es porque esas personas se lo han manifestado; y cuando se las llama a esos efectos, el primero no llega a responder, el Sr. Castillo habla de una conversación con él hace ocho años, alegando que de sus actividades políticas nada sabe, el Sr. Villena le llama hasta marxista, aunque no lo conoce, expresando que lo que manifiesta es de oídas. Queda, por consiguiente, deshecho todo el artificio creado por el informe de la Guardia Civil.

Me interesa ahora más que nunca, procurar por todos los medios que resplandezca la verdad sobre mi esposo, porque como murió el 11 de septiembre de 1936, sin que su fallecimiento se debiera a sanción de aquellos Tribunales, en cuyo caso se podría decir que su proceder de extremista estaba ya demostrado, sino por causas distintas, es mi deber de madre y esposa que sobre su nombre no caiga el estigma de la indignidad, para que yo con orgullo pueda siempre exclamar que no tuvo concomitancias con los nefastos políticos del Frente Popular, que por ellos fue asola-

Agustín sostiene a su hija Mariluz en brazos en el salón de su casa, sita en la granadina calle Carril del Picón. Junio de 1936.

da España y cubiertas de luto todas las familias, por la guerra civil más monstruosa que la humanidad ha conocido; y que su hija, que va cumplir cuatro años, cuando llegue a tener uso de razón enseñe con gozo la sentencia del Tribunal de Responsabilidades Políticas, en la que se consigne que su padre no fue un malvado, [sic] un sembrador de odio entre hermanos, y como no era nada de eso se le absolvió de toda sanción.

Por lo que atañe a la que expone, también poco esfuerzo tengo que hacer para justificar mi inculpabilidad.

Afirmo de una manera rotunda que jamás me he mezclado en política, no me he afiliado a ningún partido nunca, me he limitado a cumplir con mis deberes profesionales sin inculcarles a los alumnos cosas extrañas a la asignatura que me estaba encomendada; buena prueba de ello es que en el expediente que se me instruyó quedó resuelto confirmándome en el cargo de Profesora de la Escuela Normal, según Orden de 19 de junio de 1937, inserta en el Boletín Oficial del Estado del día 21 de igual mes y año y que constituye el mentís más terminante a cuantas imputaciones se me han hecho.

No está en mi ánimo fatigar con alegaciones o argumentos al Tribunal que me va a juzgar, por conceptuarlos innecesarios, limitándome a llamar la atención sobre el resumen del Sr. Juez Instructor, quien afirma que soy persona de orden, que nunca advirtieron en mí que fuese de ideas izquierdistas y que no se puede apreciar que estuviese afiliada a partido ni organización alguna.

Queda, pues, plenamente demostrado, por tanto, que la que suscribe y su esposo no están comprendidos en ninguno de los casos de responsabilidad del artículo 4.º de la Ley de Febrero de 1939

Por lo expuesto Suplico al Tribunal Regional de Responsabilidades Políticas que teniendo presentado este escrito de defensa, se sirva admitirlo, mandando unirlo al expediente, y en definitiva dictar sentencia absolviendo a la que suscribe y a su esposo D. Agustín Escribano Escribano (q.e.p.d.) de toda sanción, por ser de justicia lo que pido a 11 de noviembre de 1939. Año de la Victoria.

Resulta evidente cuánto daño, amargura, tristeza y frustración caben detrás de cada letra escrita por doña Luisa, asociadas a la ignominia que se había perpetrado con la familia Escribano Pueo (un ejemplo entre cientos de miles, tal y como ha apuntado Tusell, 1999). Pero restituir el honor mancillado, como se ha dicho, resultaba una prioridad y había de humillarse. Sin embargo, al no disponer de ningún documento para probar que Agustín había sido expulsado de Izquierda Republicana, fue sancionada por las responsabilidades políticas del fusilado en calidad de heredera y, junto a su hija, al pago de 2500 pesetas.

Finalmente, tras informe favorable, una vez revisado el expediente de depuración por el director general de Primera Enseñanza, Luisa Pueo y Costa fue absuelta por falta de pruebas y se le permitió regresar a Granada. En carta del 7 de enero de 1940, lo explica[20]:

> El expediente de incautaciones se ha resuelto el día 23: a mí me absuelven, con lo cual me devolverán los haberes, pero a Agustín (q.e.p.d.) lo condenan a 2500 ptas., que pagaré con los ahorros de esa incautación. Quiero que mis privaciones de tantos meses como me han retenido 65 ptas., vayan todas, ofrecidas como sacrificios de más de tres años, a aquel hombre tan bueno y tan caballero no por haber sido tratado poco tiempo por mí menos estimado y querido[21].

Luisa y la pequeña Mariluz (de cuatro años) cogen el tren de regreso en Madrid el día 5 de enero de 1940, víspera del día de Reyes, a las 9 de la mañana; llegan a una Granada enferma de llanto y de hipocresía, que ya es gris y si-

[20] En la carta original consultada aparece, claramente por error, la fecha de 1939 al principio, explicable porque estaban a inicio de año y debió de ser un despiste plenamente justificado en la situación que estaba padeciendo. Los datos ahí indicados así lo revelan.

[21] *Ídem.*

lencio para las víctimas, con un cielo opresivo cerniéndose sobre el ánimo de sus gentes, como si el castigo por tantos brutales asesinatos les fuese a durar para siempre. Luisa ya lo avisa a la familia en carta enviada nada más llegar a Granada, haciéndoles saber que le han perdido la maleta: «esta maldita ciudad me trae siempre la negra sombra»[22].

Y es verdad: Granada mantuvo durante décadas un sentimiento colectivo de culpa por tanta sangre inocente derramada en las cunetas, en las tapias de cementerios, en barrancos donde solo el viento, las amapolas y las lunas de agosto y septiembre le hacen compañía aún en este siglo xxi. Le ha costado mucho superar el trauma brutal de haber permitido el asesinato atroz de Federico, la venganza contra el escritor que había desafiado con su poesía —y especialmente con su teatro— a la reprimida y provinciana sociedad local. Por ello Federico se convierte desde ese instante en la víctima que personaliza el estigma que sigue, aún, rondando sigilosamente, en esta ciudad vórtice, en eficaz sintagma acuñado por el antropólogo González Alcantud (2005). Todo esto conviene contarlo porque aquí reside la esencia poética de la mejor Mariluz Escribano: esa que alza la voz frente a tantos mutismos, fingimientos, imposturas y falsificaciones de la verdad. Pero, claro, habrá de pasar mucho tiempo. Casi una vida.

En 1940, Mariluz es una niña con los ojos cargados de inocencia, despierta y sagaz, siempre presta al juego y a la amistad[23]. Retorna con su madre arrastrando una vieja maleta de madera (la que no les han perdido) con no demasia-

---

22 *Ídem.*

23 En la misiva, dirigida a la familia de Pedrosa del Príncipe contándoles las vicisitudes de su retorno, expone los rasgos del carácter de la niña: «[...] En el tren alborotó a todos los señores y aquí en este comedor, donde tantos años comió su pobre padre, ya habla con todos los señores y quiere que todos la saquen de paseo. Les canta, les recita y todo. Si su pobre papá pudiera verla... tan mona, tan dicharachera, tan movida que todos la hablan. Muchos van a rabiar con su presencia» (Luisa Pueo y Costa, Granada, 7 de enero de 1940, correspondencia particular).

das cosas y tienen que encontrar una casa donde vivir. Tras pasar unos días en la Pensión Valencia, otro catedrático represaliado les cede el uso durante unos meses de su vivienda en la Gran Vía, junto a La Normal; al poco, cuando le permiten retornar también a él, Luisa consigue alquilar un piso en la actual Avenida de Murcia, justo al lado de la granadina Placeta de San Isidro. Se situaba entonces esa zona en la periferia y resultaba asequible para sobrevivir y ahorrar algo con su modesto sueldo de los años del hambre. Así la describe Escribano en sus memorias:

> [...] aquella casa del extrarradio, próxima a la ermita de San Isidro y a los campos. Allí, donde también vivían putas, pellejeros, gallegos, borrachos, tranviarios, contrabandistas, valencianos y chaperos, gente aparentemente honesta y vencida, educada y pobre, disciplinada en el silencio, la resignación y el aguante. Una multitudinaria y extraña mezcla de hombres y mujeres arrojados a las orillas marginales de la vida y que defendían valerosamente una existencia difícil tras el fragor de una guerra que había durado cuatro años (2000, 37).

Se trataba de una vivienda a modo de corrala, con un patio en medio para permitir el esparcimiento de los niños y, en esa casa —denominada por la escritora «La casa del patio de los diez bancos»—, ambas encontrarán la paz suficiente para seguir adelante. Luisa, con su opresión en el pecho y sin la posibilidad de pronunciar el nombre de Agustín; Mariluz, como todos los niños de la posguerra que no pertenecían al Régimen, construyendo un universo en blanco y negro donde la magia y la sorpresa se hallaban en una sonrisa cómplice, un caramelo, un balón hecho con trapos para jugar, la tiza para la rayuela o una galleta rota, de esas que podían comprarse a veces porque eran más baratas.

Debe situarse lo aludido en la primera etapa de la dictadura, la de las cartillas de racionamiento o la cocina económica

mica[24], cuando había que levantarse a las tres de la madrugada para lograr que las lentejas, la harina o los garbanzos —previamente purgados de gorgojos— estuvieran a la hora adecuada para acompañar un almuerzo con pan negro; ya el hecho de poder comer tres veces al día era un lujo que no todo el mundo podía permitirse. De aquellos años esenciales conocemos que Mariluz compartía sus días con personajes diversos que luego desfilan por sus recuerdos en *Sopas de ajo:* la vecina prostituta, el perro Minuto como compañero de travesuras, la señora mayor sin recursos que tiene que ir cambiando de hogar porque no puede pagar el alquiler, el pellejero, criadas diversas y el miedo tras el primer velatorio con una anciana de cuerpo presente; algunas son situaciones imposibles de borrar a la hora de irse a la cama, hasta que se convencía de que «mi madre ejercía de centinela atenta de mi sueño [y] me dormía con esa apacible certeza» (Escribano, 2000, 56). Entre todos los lugares citados en esta primera parte de su biografía lírica destaca la Huerta de San Vicente, la residencia veraniega de Federico que tanto marcará su vida, tal y como se refleja en este retrato del emblemático espacio lorquiano en aquellos años cuarenta:

> [...] los jueves de aquella primavera que se resistía al verano, olían a fruta, a manzanas, por los caminos radiales de las huertas, veredas diseminadas en la vega de Granada, que conducían a los paraísos abiertos y húmedos de los

[24] En *Memoria de azúcar* describe las dificultades para la elaboración de comidas en el ámbito de la ciudad: «las madrugadas invernizas, cuando el cielo todavía estaba cuajado de las últimas estrellas, la encontraban [se refiere a su madre, Luisa Pueo] trabajando en la cocina, preparando las legumbres de la comida del día siguiente. La pobreza de los años de posguerra se dejaba sentir en la escasez de la fuente de energía, de tal manera que el gas que suministraba la Compañía Lebón llegaba con suma precariedad a las cocinas, así que era imposible guisar a horas normales» (2002, 110).

caseríos por los pagos de tierras calmas del Faragüit y Arabuleyla. Acecolillas, regatos y acequias con sus bueyes de agua, espiguillas de fortuna, malas hierbas, mastranzo y flores en los regatos, herencia de la sabiduría hidráulica y árabe; sombras de higueras, ciruelos y granados, con esas flores pintadas de sangre y ocre en los tibios anocheceres del campo, nogales ya cuajados, ciruelos y membrillos y manzanos. Colores, olores de las hazas, hechos con la savia agridulce de la tierra adensada y fértil. La mano indecisa e infantil de Federico García Lorca derramó los frutos y las rosas del paisaje de la Vega que tan bien conocía, en los fruteros de cerámica y en los floreros de sus dibujos líricos, sabiduría elemental de la vida, exacta valoración de lo pequeño.

En esos años, el poeta era ya sombra —el piano de cola mudo, sombrío y oscuro— en su balcón abierto a los sembrados, un muerto que no regresaba nunca a los almiares del verano, a los regatos frescos, al jazminero pequeño de las noches que perfumaba las conversaciones y las tertulias, siempre palabras de la guerra pronunciadas en los círculos concéntricos y apagados de los susurros que se desvanecían en lo oscuro. Federico García Lorca, estatua ya de bruma y piedra y palabra de niebla.

Frente a la puerta de la casa, huerta de San Vicente, en las hamacas se sentaban a descansar los terrores metálicos de la guerra, los muertos de la guerra, nuestros muertos, los ojos de todos los muertos, esos que no volverían nunca más al fragor de la vida, a los espejos de nuestros ojos, al territorio de nuestras manos, a nuestra historia personal y pequeña. Se repetían, incansablemente, los nombres de los ejecutados, como para acercarlos y hacer verosímiles sus muertes, despejar las incógnitas, recordar para siempre jamás los pormenores de sus vidas, el horror de sus asesinatos, noticias del exilio, radio París decía, Madariaga decía, *ici* París en la voz de Adelita del Campo, las noches de contubernio y sueño.

—Si no hubiera sido por...

—Si hubiera escapado Genil arriba...

—Pudo seguir oculto...

—Le avisó Alfredo Rodríguez Orgaz...

Pero olía a un suave y persistente aroma de manzanas y del jazminero descendían lentísimas flores blancas en los crepúsculos del aire de los campos. Con tantos ausentes, las tardes, las noches, las mañanas de la huerta de San Vicente, tenían el sabor agridulce y el fuego de las conspiraciones, la resignada pasividad de los lutos y los velatorios, perros aullando al viento de las muertes violentas. Y los niños, felices, ajenos, huérfanos de la guerra, jugábamos al aro, hacíamos navegables las acequias, mirábamos el mundo nocherniego y pálido de las constelaciones, trepábamos a los árboles, hacíamos pequeños ramos de mastranzo, convertíamos la vida en esperanza germinal. Las madres y los abuelos nos escuchaban crecer. Era la vida entera palpitando en los manantiales de nuestras venas, atravesando matorrales, los oscuros designios del destino. En un salto mortal alguien nos había robado el presente y nos había instalado en el futuro. Éramos materia de futuro en la medida en que a nuestros mayores les habían fusilado el presente y porque la esperanza se conjuga siempre con verbos de futuro. Y así se nos miraba, aunque no lo sabíamos, creciendo con los días de ceniza, las noches de lluvias prolongadas y cómplices, los escasos días de sol de la posguerra. Se nos miraba así, y así crecimos en un tiempo de infancia vulnerada. En la huerta de San Vicente, en los espacios abiertos y fragantes de la vega de Granada, en un tiempo muy corto, nos hicimos mayores.

Tardes y noches de la huerta, mañanas de sol, lirios en los carriles, rosales y flores del pato por las acequias y los atanores, pródigos y oscuros, rebosantes de aguas regadoras, cipreses litúrgicos, sombras de pájaros raudos que se aquietaban al anochecer en las ramas más altas de los frutales, el olor de los campos regados y profundos, la metálica luz de la luna alumbrando las conspiraciones y los silencios, los sueños del cansancio y la noche. Los paisajes calados de las lejanías serranas estaban llenos de las sustancias minerales del crepúsculo y los muertos se quedaban quietos y dormidos en las lonas de las hamacas, en el compás binario de las mecedoras de rejilla, los niños subíamos el cansancio hasta el regazo de los muertos, nos quedábamos dormidos en las rodillas de los muertos y los grillos enloquecían la noche con sus gritos metálicos e insistentes. Las estrellas frías de fuego que parpadeaban, inmutables, sobre los sueños y las melancolías, las tristezas y las desesperanzas, dejaban fragmentos de luz en el último cielo inacabable. Granada, a lo lejos, era una mancha de ciudadana tristeza, un hogar de suburbio, una desolación de alcobas apagadas, un polvo de suciedad mugrienta que desdibujaba la luz blanca y nocturna de las estrellas.

El regreso a la casa del patio de los diez bancos, desde la huerta, era un camino demorado de pasos cansinos, ascendiendo por los callejones de la placeta de Gracia, en una ciudad oscura y desafortunada, fascista y triste. Los amigos agitaban los blancos pañuelos en el carril de los lirios y los rosales, como si el regreso estuviera cargado de incertidumbres, como si los adioses prolongados fueran dolorosamente necesarios, como si amenazara el peligro de no volvernos a ver nunca más. Los brazos de mi madre desbordaban de aromas florales y de frutas.

Y, sin embargo, la huerta de San Vicente en la Vega fértil de Granada, en medio de las hazas de cereal y linos, era un barco varado en la penumbra de la noche o un puerto al que volveríamos otro jueves escolar con olor a manzanas, para encontrar el cobijo de una patria, los esqueletos de los muertos, los ojos de nuestros ajusticiados bajo los cipreses funerales de la glorieta (2000, 92-96).

Consideramos imprescindible dar a conocer este extracto, muy ilustrativo acerca de la dimensión que el espacio físico y emocional de la verdad primigenia del Federico más lírico impregnan el recorrido lírico de Escribano Pueo ya para siempre.

Desde que en 1925 don Federico García Rodríguez comprara esa finca de frutales a las afueras, el poeta y su familia pasaría entre sus recias paredes que los aislaban del calor todos los estíos desde 1926 a 1936. En aquel ambiente, rodeado de manzanos, higueras, membrillos, cipreses, habas o vides; con rosas, jazmines y galanes de noche perfumando el atardecer y la luna y la sierra allá en el fondo, la creatividad de García Lorca, ya marcada por su infancia fuenterina[25], se intensifica en el aprecio de la sensorialidad de la tierra (olores, colores, sabores, sonidos...). Luis García Montero ha apuntado en este sentido que:

> la biografía sirve de fondo de verdad para elaboraciones literarias y la literatura permite reconocer el significado de la vida. Esta clave de tensión entre la vida y la poesía, fundamental en la lírica contemporánea, adquiere en García Lorca el peso de los habitantes de la naturaleza (2016, 58-59).

Tras el crimen, los García Lorca al completo se marchan de España y, aparte de mantener a los caseros, dejan la huerta al cuidado de sus primas Clotilde García Picossi y, especialmente, de Carmen García (casada con el abogado liberal Vicente López[26]), que se encargan de atenderla y pasarán allí temporadas a fin de que no se deteriore. Poco

---

[25] Cfr. R. Sánchez García, «Entre lo biográfico y lo literario. La voz de la tierra en Federico García Lorca», en María Remedios Sánchez García y Ramón Martínez López (eds.), *Federico García Lorca en su entorno. La infancia en la construcción de la identidad literaria lorquiana,* Madrid, Visor, 2019, págs. 23-37.

[26] Jesús Ortega lo explica muy atinadamente: «Carmen García y Vicente López tenían una conciencia muy clara de la importancia del legado que custodiaban. Durante los años de la guerra, ella y su hermana Clotilde, que en 1939 heredó la Huerta del Tamarit (al morir el tío Frasquito) se habían implicado, con gran riesgo personal, en la ocultación de los manuscritos lorquianos ante las autoridades, entre otros, el de *La casa de Bernarda Alba*. Los papeles se habían trasladado desde la Huerta de San Vicente a la del Tamarit escondidos entre canastas de frutas y, después, cambiado de refugio varias veces. Además, cuando los García Lorca abandonaron Granada en 1939, le entregaron a Carmen un paquete con manuscritos de Federico, entre los que estaban estos primeros relatos que escribió de niño. Dejado atrás lo peor de la guerra, se trataba ahora de seguir conservando discretamente cuanto se vinculase con el espacio y la memoria del poeta» (Ortega, 2020, 103-105).

antes de fallecer, en su «Esbozo para una poética imposible» lo recuerda así:

> ¿Se puede ser feliz sin saber? No lo sé, pero yo en concreto lo fui, jugando con mis «primas» en la Huerta de San Vicente (ellas vivían allí porque su madre, Carmen García, era prima de Federico y su padre, Vicente, era el responsable de que la Huerta produjese). Nosotras jugábamos y, mientras, los mayores hablaban muy bajito de sus muertos, de los muertos de todos. Cada familia tenía un muerto (mi madre, a mi padre, los García a Federico que fue amigo de mi padre...) y, yo, sin darme cuenta, guardé eso en mi inconsciente (Escribano, 2017, 443).

Los López García, hermanados con Luisa Pueo y Mariluz en el abatimiento infinito de las pérdidas, entablan una relación familiar y esa es la razón de que ambas pasen todos los jueves, algunos fines de semana o temporadas más largas en periodos vacacionales habitando el que fuera hogar del poeta; solo había una puerta cerrada con llave: la del dormitorio de Federico. El resto, incluso la biblioteca donde se conservaba la edición completa de *Impresiones y paisajes* —que había costeado íntegramente don Federico García Rodríguez[27]— estaba abierta al disfrute de unas niñas (Mariluz y Carmencita, la hija de los López García, amigas inseparables) que palparon los espacios lorquianos en sus juegos infantiles en la placeta, en las acequias, con su agua cristalina y friísima como surtidores de vida, o cazando gusanicos de luz, y lo convirtieron en territorio de vida cotidiana, en patria de independencia y placidez desde su desconocimiento de los hechos acaecidos, primero —nótese que tenían cuatro años— y, después, con el reverencial respeto por el genio más grande que han dado las letras

---

[27] Evidentemente, Mariluz me confirmó que, cuando tuvo oportunidad de regresar a la Huerta siendo adulta, no quedaba ni un ejemplar.

españolas en el siglo xx pero sabiendo que era un nombre que no debía pronunciarse en voz alta. De hecho, Mariluz queda indeleblemente marcada por esta etapa continuada, que luego impregna la manera de expresar su creatividad lírica. A la par de estos ratos de esparcimiento y tertulia, Luisa empezó a preparar a Mariluz para vivir en un mundo que en aquel instante se revelaba cruelmente hostil al futuro y, desde bien pequeña, comienza a tomar lecciones de solfeo y consecutivamente de música (centrándose en piano y violín, instrumento este último que dominaba excepcionalmente), de labores de todo tipo, de mecanografía... También la hace autónoma y, desde que cumple diez años, la envía sola en tren a Madrid a las colonias de verano asociadas al Grupo Escolar Palacio Valdés en Tres Cantos, a los pies del fresco verdor en la inmensidad del Guadarrama[28]. La gran preocupación de la profesora Pueo y Costa

---

[28] Propiedad del Ayuntamiento de Madrid desde 1941, se trata de una finca de considerable extensión que consta de un palacete construido en 1905 de más de tres mil metros y con una extensión de pinares en derredor de más de doscientas hectáreas: «en el palacete y, silencioso de siesta y descanso, se oculta el bienestar y el lujo para un número importante de niñas huérfanas de Madrid, desoladas, con una tristeza delgada. Yo seré allí una más, aunque una excepción amable» (Escribano, 2002, 67). Allí, bajo la dirección de Fernanda Fernández de Córdoba, se acogía en régimen de internas durante el verano a algunas niñas huérfanas de otras provincias españolas. Se trataba de completar su formación fomentando la convivencia y aprovechar para darles una dieta alimenticia teóricamente saludable, hacer ejercicio al alba, rezar el rosario vespertino y dedicar, también, ratos al estudio de las más diversas disciplinas. La situación sanitaria española y el cúmulo de enfermedades que azotaban a la infancia en los años cuarenta y cincuenta por la desnutrición, las afecciones vinculadas al aparato respiratorio (cfr. J. Bosch Marín, *El niño español en el siglo xx,* Madrid, Real Academia Nacional de Medicina, 1947, págs. 23-43), cardiopatías, poliomelitis, etc., casi obligaba a tomar esta determinación gubernativa. La mención se hace además necesaria, toda vez que nuestra autora afirma: «territorio amable de la infancia, como lo fue la escuela, permanece ya dormido, agazapado e irrecuperable. Pero tiene un lugar en la conciencia y forma parte, inexcusablemente,

era que, si por alguna razón ella fallecía, que su niña tuviera forma de sobrevivir en la realidad de miseria y falta de oportunidades para las mujeres que fue la posguerra y luego el franquismo, que se acostumbrara a ser autosuficiente.

Desde el primer instante, Mariluz, disciplinada a la fuerza, asume estas tareas y avanza en sus estudios con excelentes calificaciones. La primera etapa educativa, primordial para ella, transcurre en la Escuela Graduada Aneja de La Normal, donde todavía quedaban algunas maestras de la época de la República; de aquellos días es oportuno traer aquí este recuerdo que deja patente hasta qué punto valora la honda huella que estas enseñanzas le dejaron:

> Aún continuaban allí maestras formadas en el ideario de la Institución Libre de Enseñanza. Pálido y olvidado recuerdo era ya la escuela cuando su puerta se cerró en silencio tras de mis pasos colegiales. La había ido cancelando en una memoria lenta y diaria durante los años pasados. Nunca más regresaría a ella como alumna. Ligera y serena, con la despreocupación de la infancia, sin volver la vista atrás, dejé la Escuela Graduada de la Normal. Iba ajena a las próximas batallas, esas espadas de fuego de los años que me esperaban, a las nieblas y los silencios del mundo, a los juegos de espejos deformantes que reflejaban una sociedad adulta y profanada, herida por la guerra atroz del 36, recelosa y cerrada, ambigua en sus mentiras, confusa en sus miradas. Nadie me volvería a observar nunca como lo hicieron, detenidos y alerta, los ojos llenos de paz y paciencia de mi maestra, con ese amor sosegado y líquido, luminoso y franco, festivo y apasionado. El limo fértil que dejaron en mí sus palabras todavía perdura en mi conciencia. Sobre él edifiqué los lenguajes de mi vida, mis asombros. No me fui de la Graduada Aneja de la Normal con los bolsillos vacíos. Llené todos los desvanes de mi cabeza de elemental

---

de mi talante ante la vida» (M. Escribano Pueo, *Memoria de azúcar, op. cit.*, pág. 76).

sabiduría y siempre saqué a pasear, al aire de las calles, las lecciones humildísimas de mis extraordinarias maestras (Escribano 2002, 52-54).

Tras estos años esenciales marcados en particular por algunas docentes cuyos nombres reivindicará luego desde su columna de *Ideal*[29], hace el examen de ingreso para el Instituto Ganivet en junio del año 1945; se incorpora a inicios de octubre y allí permanecerá los siguientes siete años, hasta 1953.

Finalizada esta etapa previa a la universidad, simultanea sus estudios de Magisterio con los de Filosofía y Letras, especialidad de Geografía e Historia[30], licenciatura que finalizará con brillantes resultados. Y será de nuevo en el Instituto Ganivet, desde el 9 de octubre de 1958 hasta el 30 de septiembre de 1960, donde tendrá su primer destino profesional[31], ese que le abrirá los ojos, incluso aún más, a la trascendencia que para su futuro habría de tener, como para sus padres, su carrera docente:

> Volvería al Instituto, seis años después, con una beca de Ayudantía becaria para la cátedra de Geografía e Historia. Ganaría con ello mi primer dinero. Allí reencontré a todos los que habían sido mis profesores y las viejas aulas mucho

---

[29] Debe destacarse en particular a doña Antonia Lázaro, a quien ya en los años noventa y, en su faceta como columnista, Mariluz Escribano dedica al menos, que sepamos, dos artículos en prensa reivindicando lo que supusieron aquellas humildes figuras desdibujadas ya en la historia de la educación española (cfr. «Cien años» y «Antonia Lázaro», en Mariluz Escribano Pueo, *Ventanas al jardín,* 2002, págs. 53 y 65). También está presente en el capítulo «Adiós a la escuela» de *Memoria de azúcar (op. cit.,* págs. 47-58).

[30] Como puede advertirse, siguió así los pasos de su padre.

[31] Ayudante becaria adscrita al Seminario didáctico de Geografía e Historia. Lo simultaneó durante el curso 1958/1959 con su docencia gratuita igualmente adscrita al mismo Seminario didáctico en el Instituto de Enseñanza Media «Padre Suárez».

Luisa Pueo y Costa con Carmen López García (prima hermana de Federico García Lorca, que quedó a cargo del cuidado de la Huerta de San Vicente), ambas vestidas de luto riguroso, en la puerta de la casa de Federico con las hijas de ambas, Mariluz y Carmencita. Fechada en 1940.

> más deterioradas. En mis nuevas y primeras alumnas, mientras les explicaba las teorías de los sinclinales y los anticlinales, los vientos alisios y las isobaras, los valles glaciares y los fluviales, los cantos rodados y los estratos, me reconocía a mí misma y a mis compañeras a quienes había perdido de vista hacía ya unos cuantos años. De golpe, me cercó la ternura hacia la infancia, el clamor de unos ojos que se prendían de los míos en un afán de conocimiento y afecto que yo conocía bastante bien (Escribano Pueo, *Memoria de azúcar, op. cit.*, pág. 102).

Lo siguiente que sucede en la vida de Mariluz es una boda, lo usual en aquella época para las féminas veinteañeras. Así, contrajo matrimonio tras un corto noviazgo y, nada más casarse y ante las dificultades para integrarse en el ámbito universitario habida cuenta de los ascendientes de la escritora (hija de fusilado y depurada), ambos consiguen plaza en un instituto de enseñanza media en Jerez de la Frontera (cursos 60-61 y 61-62) y, posteriormente, en Jaén, en el centro Virgen del Carmen (curso 62-63). En octubre de 1963, y con su primer hijo con poco más de año y medio, se marcha a Estados Unidos, donde consiguieron tanto ella como su marido una plaza en una prestigiosa institución educativa, el Antioch College. Fundado en 1852 en Yellow Springs (Ohio) por el reformista Horace Mann, gran defensor de la educación pública y la coeducación en Norteamérica, tanto los estudios para chicos como para chicas eran exactamente iguales[32] y aportaban además una llamativa innovación: había que simultanear estudios con trabajo. Tengo noticia de la ilusión con que nuestra autora se instaló en aquellas tierras de nieves eternas de dos metros y primaveras amarillas con bosques infinitos, donde

---

[32] En este centro se formó Coretta Scott King, la escritora y activista de los derechos civiles casada con Martin Luther King; también los premios Nobel Mario Capecchi y José Manuel Ramos-Horta, entre otros personajes relevantes.

Mariluz Escribano Pueo en noviembre de 1942.

las oportunidades para crecer intelectualmente, frente a la realidad española, eran muy superiores[33]. Allí se integró inmediatamente en la comunidad, hizo amistades y empezó su docencia en enero de 1964 como «Instructor of Spanish», sin dominar el inglés (su segunda lengua era el francés). A pesar de todo, no le costó aprender el idioma y adaptarse a la cultura de la zona. De hecho, era frecuente que asistiera a las fiestas de los colegas del campus con quienes mantenía, a tenor de la correspondencia posterior consultada, una relación excelente.

Sin embargo, tras año y medio allí y a pesar de tener ofertas de otras universidades de la liga MLA, Mariluz decide regresar a España; que su madre, doña Luisa Pueo, no les hubiera acompañado y ese sentimiento de ligazón a Granada que se evidencia en toda su obra de manera tan llamativa, la inducen al retorno. Así, en 1967 se encontraba de nuevo en Granada, tocando otra vez a las puertas de la Escuela Normal con un notable currículum en la mano que acreditaba sus méritos. No obstante, no será hasta 1970 cuando se incorpore como profesora ayudante y, posteriormente, el 1 de octubre de 1972 cuando la nombren catedrática interina de Lengua y Literatura. En 1981 pasará a ser profesora agregada numeraria y, dos años después, profesora titular de Escuela Universitaria. Catedrática de Didáctica de la Lengua y la Literatura fue desde 1987 hasta su jubilación en 2006. El recorrido profesional no es baladí; téngase en cuenta que estamos ante un perfil de mujer con mucho carácter, poco proclive a dejarse llevar por las estructuras del sistema, que explicaba los textos de Federico García Lorca, Antonio Machado o Miguel Hernández desde el primer día como docente a pesar de ser llamada a capítulo en diferentes ocasiones por la Brigada Político-So-

---

[33] De ello dejara constancia en algunos poemas como «El bosque de Glenn Helen», de *Geografía de la memoria,* 2018.

cial[34]; también lideró varias huelgas de profesores no numerarios y fue una rotunda activista. Y todo ello mientras preparaba las sucesivas oposiciones. Luego, tras el trágico fallecimiento de su marido en accidente de tráfico el 15 de diciembre de 1985, tuvo que educar sola a sus cinco hijos.

Sin embargo, lo que se menciona menos, a propósito de la etapa que abarca de 1970 a 1990, es que Mariluz Escribano, además de su ejercicio profesional, se dedicaba también a escribir y a un activismo cívico militante[35], aunque no estuviera bien visto dentro de las familias de la alta burguesía en la que ella se había integrado por vía matrimonial[36]. No obstante, a ella nunca la arredró esto y ejerció —con precauciones y sumergida en la masa activa para evitar protagonismos que condujeran a discusiones infructuosas— una saludable independencia de cenáculos de rancio abolengo, partidos de tenis los sábados, misas los domingos o tertulias de señoras para tomar el té de las cinco. Su camino era el compromiso ético y literario y lo practicó más o menos abiertamente, aunque con más bien poco

---

[34] En aquella etapa era habitual que policías de incógnito acudieran a las clases fingiéndose unos alumnos más para detectar cualquier disidencia o para reprimir cualquier acto subversivo.

[35] Sobre esta faceta de su trayectoria, véase para ampliar, R. Murillo Cubillas, 2020, 64-71.

[36] El que fuera su marido, Nicolás Marín, era hijo de Antonio Marín Ocete (1900-1972), catedrático de Paleografía y rector que fue de la Universidad de Granada en dos etapas; la primera, durante la República, abarca del 18 de diciembre de 1933 al 20 de abril de 1936, en que fue depuesto tras una moción de censura que contó con el apoyo mayoritario del claustro universitario. Fue sustituido interinamente por un compañero, el catedrático de Árabe, Salvador Vila. Tras el fusilamiento del Dr. Vila el 22 de octubre, fue nombrado *manu militari* nuevamente el 23 de octubre de 1936 y permaneció en el cargo hasta 1951. Según información familiar, le dieron a elegir: o asumir el rectorado, o bien una pena de cárcel por «desafecto al régimen». Su gestión rectoral se centró en el desarrollo de las facultades, priorizando la de Medicina. Después, desde finales de los años sesenta hasta su muerte en 1972, estuvo al frente del Patronato de la Alhambra y el Generalife.

apoyo familiar. A pesar de todo, no debió de sorprender demasiado y, si lo hizo, ella no se dio por enterada: «Seguramente soy una poeta atípica, lo mismo que soy una mujer atípica, pero eso, a estas alturas, ya no lo puedo cambiar. Ni tampoco quiero», afirma en 2017 (Escribano Pueo, en Sánchez García y Gahete Jurado, 446).

Su colaboración como columnista en los periódicos se había inaugurado en 1958 de la mano de Eduardo Molina Fajardo, director del diario *Patria* y antiguo alumno de su padre en la Escuela de Magisterio. Molina Fajardo se había incorporado a estudiar Historia en la Facultad de Filosofía y Letras y era compañero en las aulas con Mariluz desde el curso 1955. Aunque sabía que lo podía comprometer publicar textos de la hija de un fusilado tan significado como Agustín Escribano, se arriesgó por el respeto que siempre le tuvo a su maestro y acertó. En la joven de veintitrés años que era Mariluz Escribano Pueo había talento para la escritura que, paulatinamente, fue tomando forma y personalidad propia. Posteriormente y ya a partir de 1973, Mariluz se convierte en una firma asidua de *Ideal. Diario Regional de Andalucía,* donde colaboró ininterrumpidamente hasta su fallecimiento. Es decir, cuarenta y seis años en *Ideal* y dieciséis en *Patria,* que suman la friolera de sesenta años —eliminando los casi dos que residió en EE.UU.— escribiendo en prensa. No tenemos conocimiento de ningún otro caso similar.

Resulta interesante aludir a esta faceta porque desde la prensa ejerció de voz íntegra de una ciudad silente, apática, cargada de aprensión, desconfianza y heridas nunca restañadas. Pero de una Granada que, evidentemente, tenía que tomar alguna dirección para no quedarse anclada en la añoranza de sus momentos de esplendor. El perfil de los artículos de Escribano Pueo es doble: por un lado, columnas con cierto corte costumbrista, una argucia buscando la necesaria confianza para que le permitieran decir cuanto le convenía sin que la censura hubiera reparado demasiado en ella. Por otro, y cuando menos se esperaba, otras rozando lo temerario, rotundamente reivindicativas de libertades y derechos para el pueblo sometido. Y eso, en pleno franquismo. Unos artículos que, como el titulado «No nos debes nada, Federico», publicado el 8 de marzo de 1970, suponen un avance de la rehabilitación de lo que implica Lorca con relación al granadinismo y de qué forma influye en ella:

> Cuando tú morías, Federico, mecían mi cuna los ángeles de niños, y las hadas del sueño y la misericordia adormecían los golpes chirriantes y asustados de las puertas en el aire cansino de las amanecidas. Yo, entonces, no sabía tu nombre, Federico, y me conformé con el esfuerzo simple de aprender despacio el nombre de otras cosas sencillas. Sin saber que tú estabas, que existías, que recogiste con infantil amor las nanas que cruzan los caminos de España, ellas rondaron mis oídos en un afán tranquilizador por detener el ignorado tiempo plagado de desastres. España entera se desangraba, Federico, y ya tu nombre sonaba más allá de nuestra geografía, entre cadencias de habaneras y tambores oscuros en el Harlem desamparado y nocturno. Pero yo ignoraba tu nombre, Federico.
>
> Se me concreta el recuerdo sobre ti, porque yo ya he crecido. En la memoria se me recorta una silueta vaga, difusa, inconcreta e imaginada de toda tu integridad física porque, a modo de broma de hombres serios, tú ya no estabas, Federico, y en la verde atardecida de tu huerta, tu nombre simple —sobraban los apellidos— sonaba quedo en los oídos; despacioso y estremecido en los labios de la gente que conoció tus pasos y anduvo las veredas contigo. Sin saber todavía que recorría tu mundo, escarbé en el oscuro barro de las acequias para encontrar lombrices irisadas, alfombré con mastranzo cajas rectangulares para encerrar en ellas el gusano de luz junto a la marranica roja y busqué por el cielo al veraniego grillo, ignorando que su canto, tonto e intermitente, se produce en la hierba.
>
> No estabas tú. Bajo los cipreses de la glorieta de la Huerta de San Vicente, y junto a las flores del pato que bordeaban los regatos, el calor cedía porque también la tarde co-

menzaba a declinar. Granada podía contemplarse —inusitada y perdida perspectiva— sobre los tardíos habares y los linos de las próximas parcelas, enmarcadas por los geranios, los júpiter y los jazmines que rodeaban la casa. Había como una nube de encantamiento sobre todo el contorno, mientras en la Sierra los últimos rayos del sol ponían la nota variopinta de los malvas de Juan Ramón en el paisaje. Tu presencia no solo era tangible por tu infantil dibujo colgado en la pared encalada, ni por el retrato de tu padre, sonriente y señorial: tu piano de cola, oscuro y ligeramente desafinado, dormía en la sala bajo el desconsuelo del prematuro abandono.

Que yo sepa, no existió voz humana, angelical o mísera, que dijera en voz alta o gritara a los vientos en las encrucijadas de las calles: ¡Federico!; en tanto que yo, de tu mano y sin saberlo, resbalaba en un llanto infantil por dos lagartos viejos y ateridos.

Te admiré más tarde, al leerte despacio, cuando los años se me vinieron encima y tuvieron mis ojos —también bajo los tuyos— una forma distinta para medir las cosas. Y cuando crucé el Atlántico y desde el Rockefeller Center contemplé una ciudad inhumana, sin campanas ni pájaros, entendí la dramática dimensión de tus versos americanos. *Poeta en Nueva York* es un libro fundido en el dolor y la angustia del hombre que no sabe caminar más que por la calle 45.

¡Tantos años de silencio sobre ti, Federico! Yo creo que naciste en Granada por accidente, simplemente para que la ciudad te diera un poco más de luz y la oportunidad de hacer universal su nombre. Porque nada nos debes, Federico. Mientras tu nombre no inventa geografías, sino que recorre países y está plantado como un tilo recio y gigante —hombre sin patria y con trescientas más que se lo disputarían— en todos los infinitos meridianos terrestres; mientras rubios muchachos sajones aprenden, boquiabiertos, que la luna puede comerse a un niño; mientras en Yale las muchachas no entienden, al leerte, que un hombre puede matar por nada, y en el Centro Histórico de Tokio se deleitan, en la clara vocalización del idioma japonés, con la sencilla profundidad de tu poesía; mientras todo eso

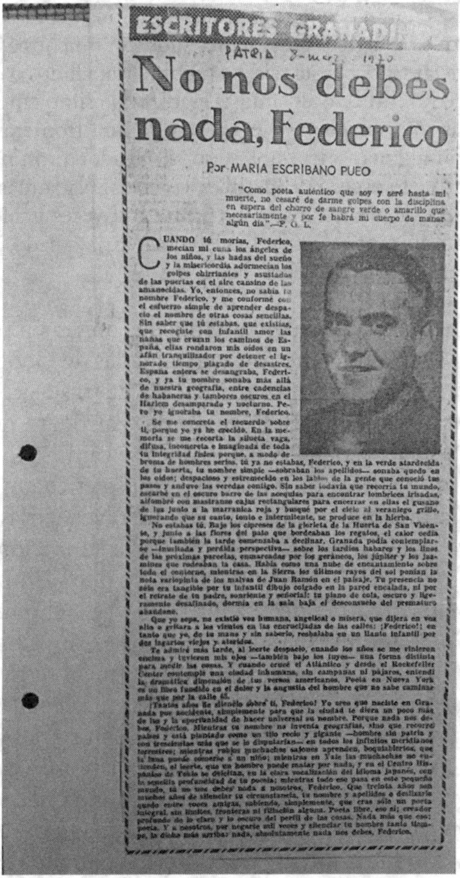

ESCRITORES GRANADI

Patria 8-marz. 1970

No nos debes nada, Federico

Por MARIA ESCRIBANO PUEO

"Como poeta auténtico que soy y seré hasta mi muerte, no cesaré de darme golpes con la disciplina en espera del chorro de sangre verde o amarillo que necesariamente y por fe habrá mi cuerpo de manar algún día".—F. G. L.

CUANDO tú morías, Federico, mecían mi cuna los ángeles de los niños, y las hadas del sueño y la misericordia adormecían los golpes chirriantes y asustados de las puertas en el aire cansino de las amanecidas. Yo, entonces, no sabía tu nombre Federico, y me conformé con el esfuerzo simple de aprender despacio el nombre de otras cosas sencillas. Sin saber que tú estabas, que existías, que recogiste con infantil amor las nanas que cruzan los caminos de España, ellas rondaron mis oídos en un afán tranquilizador por detener el ignorado tiempo plagado de desastres. España entera se desangraba, Federico, y ya tu nombre sonaba más allá de nuestra geografía, entre cadencias de habaneras y tambores oscuros en el Harlem desamparado y nocturno. Pero yo ignoraba tu nombre, Federico.

Se me concreta el recuerdo sobre ti, porque yo ya he crecido. En la memoria se me recorta la silueta vaga, difusa, inconcreta e imaginada de toda tu integridad física porque, a modo de broma de hombres serios, tú ya no estabas, Federico, y en la verde atardecida de tu huerta, tu nombre simple —sobraban los apellidos— sonaba quedo en los oídos; despacioso y estremecido en los labios de la gente que conoció tus pasos y anduvo las veredas contigo. Sin saber todavía que recorría tu mundo, escarbé en el oscuro barro de las acequias para encontrar lombrices irisadas, alfombré con mastranzo cajas rectangulares para encerrar en ellas el gusano de luz junto a la marranica roja y busqué por el cielo al veraniego grillo, ignorando que su canto, tenue e intermitente, se produce en la hierba.

No estabas tú. Bajo los cipreses de la glorieta de la Huerta de San Vicente, y junto a las flores del palo que bordeaban los regatos, el calor cedía porque también la tarde comenzaba a declinar. Granada podía contemplarse —insultada y perdida perspectiva— sobre los tardíos habares y los linos de las próximas parcelas, enmarcadas por los geráneos, los júpiter y los jazmines que rodeaban la casa. Había como una nube de encantamiento sobre todo el contorno, mientras en la Sierra los últimos rayos del sol ponían la nota variopinta de los malvas de Juan Ramón en el paisaje. Tu presencia no sólo era tangible por tu infantil dibujo colgado en la pared encalada, ni por el retrato de tu padre, sonriente y señorial: tu piano de cola, oscuro y ligeramente desafinado, dormía en la sala baja el desconsuelo del prematuro abandono.

Que yo sepa, no existió voz humana, angelical o mísera, que dijera en voz alta o gritara a los vientos en las encrucijadas de las calles: ¡Federico!; en tanto que yo, de tu mano y sin saberlo, resbalaba en un llanto infantil por dos lagartos viejos y ateridos.

Te admiré más tarde, al leerte despacio, cuando los años se me vinieron encima y tuvieron mis ojos —también bajo los tuyos— una forma distinta para medir las cosas. Y cuando crucé el Atlántico y desde el Rockefeller Center contemplé una ciudad inhumana, sin campanas ni pájaros, entendí la dramática dimensión de tus versos americanos. Poeta en Nueva York es un libro fundido en el dolor y la angustia del hombre que no sabe caminar más que por la calle 42.

¡Tantos años de silencio sobre ti, Federico! Yo creo que naciste en Granada por accidente, simplemente para que la ciudad te diera un poco más de luz y la oportunidad de hacer universal su nombre. Porque nada nos debes, Federico. Mientras tu nombre no inventa geografías, sino que recorre países y está plantado como un tilo recio y gigante —hombre sin patria y con trescientas más que se lo disputarían— en todos los infinitos meridianos terrestres; mientras rubios muchachos sajones aprenden, boquiabiertos, que la luna puede comerse a un niño; mientras en Yale las muchachas no entienden, al leerte, que un hombre puede matar por nada, y en el Centro Hispánico de Tokio se deleitan, en la clara vocalización del idioma japonés, con la sencilla profundidad de tu poesía; mientras todo eso pasa en este pequeño mundo, tú no nos debes nada a nosotros, Federico. Que treinta años son muchos años de silenciar tu circunstancia, tu nombre y apellidos o deslizarlo quedo entre voces amigas, sabiendo, simplemente, que eras sólo un poeta integral, sin límites, fronteras ni filiación alguna. Poeta libre, eso sí; creador profundo de lo claro y lo oscuro del perfil de las cosas. Nada más que eso: poeta. Y a nosotros, por negarte mil veces y silenciar tu nombre tanto tiempo, lo dicho más arriba: nada, absolutamente nada nos debes, Federico.

«No nos debes nada, Federico» es un artículo publicado por Mariluz Escribano en el diario *Patria* el 8 de marzo de 1970. Las consecuencias fueron inevitables: llamada al Gobierno Civil, mayor grado de vigilancia de la denominada brigada político-social y aislamiento de la sociedad burguesa granadina y de los intelectuales de salón. Obsérvese que se publicó varios años antes del primer acto de homenaje a Federico García Lorca, «El cinco a las cinco», que tuvo lugar en 1976.

> pasa en este pequeño mundo, tú no nos debes nada a nosotros, Federico. Que treinta años son muchos años de silenciar tu circunstancia, tu nombre y apellidos o deslizarlo quedo entre voces amigas, sabiendo, simplemente, que eras solo un poeta integral, sin límites, fronteras ni filiación alguna. Poeta libre, eso sí; creador profundo de lo claro y lo oscuro del perfil de las cosas. Nada más que eso: poeta. Y a nosotros, por negarte mil veces y silenciar tu nombre tanto tiempo, lo dicho más arriba: nada, absolutamente nada nos debes, Federico.

Después de esto, estuvieron muchos meses sin publicarle ni una línea más y me constan llamadas de Gobernación Civil y la imprescindible intervención de su suegro, que en los setenta ostentaba la Dirección del Patronato de La Alhambra y el Generalife. Viendo que ese camino individual no le permitía desarrollar su compromiso ético tan a fondo como ella pretendía, funda Mujeres Universitarias, un colectivo de profesionales del ámbito de la educación centrado en frenar el desarrollismo desaforado que se implanta en los setenta, convirtiendo la zona de la Vega, el pulmón vegetal imprescindible, en bloques de pisos sin ningún tipo de planeamiento en cuanto a ordenación del territorio.

En este lapso, Mujeres Universitarias en general y Mariluz Escribano en particular (firmando, ora con su nombre propio, ora en nombre del colectivo) se convierten en el azote de los cabecillas del último franquismo que, merced a sus privilegios, buscaba hacer y deshacer sin consecuencias. Un ejemplo palmario fue el intento de convertir en un hotel de cinco estrellas el Carmen de los Mártires granadino, antiguo convento de los Carmelitas Descalzos, del que fue prior san Juan de la Cruz entre 1582 y 1588, mientras escribía su *Cántico espiritual* y donde se cuenta que plantó su famoso cedro —que en realidad es un ciprés—. Escribano Pueo lideró el movimiento y, gracias a ello hoy, sigue perteneciendo al patrimonio municipal como lugar de paseo y disfrute. Y escribe. En lo más oscuro de la noche, cuando todos duermen a su alrededor y encuentra la paz necesaria, Mariluz prepara sus clases, anota sus reflexiones, esboza poemas o artículos. Escribe mucho, para que nada se olvide. Para que no triunfe la nieve de la historia manipulada sobre el olvido.

Se canta lo que se pierde. Los versos guardados en el cajón (1958-1991)

A propósito de su tardía incorporación al ámbito de las publicaciones, en sus reflexiones, recogidas bajo el título de «Esbozo para una poética imposible», rememora:

> Yo empecé a escribir tardíamente de acuerdo a lo que se entiende por concepto generacional, allá por los inicios de los años setenta. En ese tiempo, tenía treinta y cinco años y cuatro hijos (el quinto llegó poco después). Me dedicaba, fundamentalmente, a sostener una familia, a dar clases en la facultad a todas horas (entonces era la Escuela Normal) y, en mi tiempo sobrante, estaba implicada en los movimientos ciudadanos de Granada. Siempre frente al poder, claro, al que he desafiado en la prensa desde que empecé a escribir en *Patria* en 1958 y luego en *Ideal.* Me he dedicado, como el que dice, a intentar hacer literatura en los periódicos durante cuarenta años, literatura, eso sí, con conciencia crítica, de esa que busca conmover al lector, levantarlo de su silla. Para mí guardaba, escritos a mano, poemas y poemas, para dejarlos dormir en los cajones el sueño de los justos (2017, 441).

El mundo de Mariluz Escribano, el que se recoge en sus libros, no es el mundo del futuro, de lo no vivido, de quien se evade de la cotidianeidad construyendo quimeras o distanciándose de los hechos. No es la imaginación su motor, es la realidad doliente. Mariluz poco a poco toma conciencia de que la suya es la voz de los vencidos, de quienes perdieron todo en un instante con un tiro de gracia. Así, afirma en «Desde un tiempo»:

Escribo desde un tiempo
labrado en lo remoto,
con sonidos de pozos
abiertos en la arcilla,
y el llanto de las piedras,
las lágrimas del trigo,
un vuelo de palomas
y hierros y fusiles.

(*Umbrales de otoño,* 2013, 52)

Desde esta clave hay que comprender su literatura de rescate, de memoria, de evocación y de compromiso con la verdad, la tierra, el patrimonio, el paisaje desvaído por el tiempo; un paisaje que no puede ser interpretado solo desde la mirada de los vencedores/as para quienes la literatura, la creación artística en todas sus facetas, no suponía más que una distracción (recuérdese el experimento novísimo), una tarea con la que ocupar el tiempo sin mayor responsabilidad.

Empero, no publica más que las columnas periodísticas y esos artículos que van sin firma, bajo la rúbrica de «Mujeres Universitarias». La razón puede encontrarse en la cerrazón de la sociedad granadina que era réplica de cualquier población poco avanzada en cuanto a pensamiento, con bastantes concomitancias con la Vetusta que refleja Clarín. Solo que aquí se añade esa nube negra antes aludida sobrevolando Granada como recuerdo perpetuo del brutal crimen de Federico. En ese contexto, a las escritoras o se las ignoraba o se las minusvaloraba. El caso más flagrante en la generación anterior es el de Elena Martín Vivaldi, cuyas publicaciones eran saludadas con un displicente «Bah, las cosicas de Elena»[37]. García Montero, que la trató mucho, ha manifestado con rotundidad:

---

[37] Conocemos este dato por dos fuentes distintas: el arabista Emilio de Santiago y el agitador cultural Juan de Loxa, dos de sus más leales amigos y entusiastas lectores.

> Sus poemas crecieron en la medida en que ella misma tuvo que buscar una identidad. Pese a recibir el apoyo de una familia liberal y a ser una mujer universitaria, de personalidad muy fuerte, las fronteras de la condición femenina eran estrechas y estaban bien perfiladas a principios del siglo xx, en una ciudad provinciana como Granada. Vivir como mujer significaba enamorarse, casarse, definirse en la compañía del otro y alcanzar la plenitud en el optimismo biológico de la maternidad. Un desengaño amoroso, y la falta de interés en reconstruir su futuro de acuerdo con los papeles fijados por los usos sociales, apartaron a Elena del guion que la mano de la historia había escrito para ella. Como suele ocurrir, debió encargarse entonces de escribir su propia vida, y lo hizo en forma de poemas descarnados, tan sinceros como serenos, sin piedad consigo misma y sin deseos de compasión ajena (2008, 18).

En contraposición, Mariluz tenía muy definida su identidad; lo que pasa es que esa identidad, que conlleva el rescate de la palabra de los muertos, enmarcada en el contexto histórico-social e ideológico dominantes, evidentemente no iba a ser bien recibida. Por eso ella se resiste a publicar, aunque haya poemas fechados de los que tenemos noticia desde 1970, como el romance titulado «Dios te salve, Federico», que entroncan directamente con los últimos que escribió ya en 2018. Mariluz Escribano esperaba la ocasión apropiada para ser comprendida y aquel no era el momento, porque la ideología del régimen había sido mayoritariamente asumida en el inconsciente colectivo que Franco había manipulado y domeñado a su antojo con las estrategias propias de una dictadura. Se ansiaba la libertad, sí, pero sin reabrir heridas.

Pero hay algo más: Martín Vivaldi, por su situación de mujer soltera, al menos tenía la oportunidad de acudir a su reconocida tertulia en el Café Suizo tras acabar su trabajo como bibliotecaria de la Facultad de Letras; de escribir cuando considerara oportuno sobre su argumentario poético o de establecer vínculos con relevantes figuras del panorama literario nacional (Vicente Aleixandre, Jorge Guillén, etc.). Además de contar con ese apoyo familiar del que Mariluz carecía, que es algo que también debe decirse.

Como curiosidad nada baladí, el primero de los poemas de Mariluz Escribano de los que tenemos conocimiento es un poema de juventud, escrito con veinte años y premiado en la Facultad de Filosofía y Letras, pero no publicado hasta 2018 en *Geografía de la memoria,* a petición de quien suscribe[38]; es el siguiente:

MI CIUDAD MARINERA

Mi ciudad marinera
sin sol ni sombra,
marinera a lo lejos,
perdido el mar.

Yo navego entre brumas
de mi nostalgia,
navegando, navego,
¡barco a la mar!

Pececillos dorados
de sol naciente
los remos levantados
dejo pasar.

¡Allá se va mi pena
remando sola,
perdida en el ocaso
de mi ciudad!

Mi ciudad marinera
sin sol ni sombra,
marinera a lo lejos
perdido el mar...

(*Geografía de la memoria,* 2018, 53-54)

---

[38] Con más de ochenta años lo recordaba de memoria y, al consultarle un día por la autoría de aquellos versos melancólicos, nostálgicos y de clara musicalidad, fue cuando dio noticia de cómo y cuándo se escribió.

Obsérvese ese desconsuelo, la nostalgia tan patente, el reflejo de una Granada varada en el tiempo (es un decir sin decir), el juego musical de cancionero tradicional que se va construyendo entre heptasílabos y pentasílabos, y la revisitación de Alberti, homenaje evidente a un autor exiliado y censurado en la España de aquel tiempo. Pero Mariluz no acudió a recoger el galardón. Su madre, Luisa Pueo, se lo rogó, arguyendo que debía tratar de no hacerse notar, toda vez que ella seguía estando vigilada en todas sus actuaciones como docente y, únicamente pasar desapercibidas entre la masa, podía propiciar que no les dificultaran el porvenir. Y es que doña Luisa, permanentemente sometida a la vigilancia obsesiva de Rosalina Campos[39], la directora de La Normal, temía por su hija, por el regalo de su unión con aquel «hombre bueno» que es como ella nombraba siempre a Agustín Escribano, su gran amor perdido. Entendía que su obligación como madre era protegerla y, atendiendo a este criterio, así lo hizo como mejor supo. Mariluz correspondió no acudiendo a recoger el

---

[39] En *Memoria de azúcar,* Mariluz rememora a propósito de esta señora: «prefiero no recordar la ignorancia y la vesania de una tal Rosalina Campos, que llegó a ser jefe provincial de la Sección Femenina en Granada y que nos hablaba en sus clases de las hordas rojas de la recientísima Guerra Civil y de los altos ideales de la Falange Española y de las JONS. Su camisa azul me resultaba insoportable, una innecesaria exhibición prepotente de fuerza, un recuerdo inaceptable de la tragedia de una guerra que nos había dejado en la orfandad a muchas de nosotras. ¿Qué hacía allí, sobre la tarima, obligándonos a escucharla y adoctrinándonos en una teoría política de palabra altisonante y vacía de la que tan alejadas nos sentíamos? ¿Qué quería decir que España era una unidad de destino en lo universal? Jamás abrí su libro de texto que fue, lentamente, cubriéndose de una capa de polvo. Su fanatismo era tan evidente, sus maneras tan torpes y superficiales, su ignorancia tan colosal que nada de lo que dijera podía herir mis nueve años no cumplidos todavía. Cuando contaba en casa lo sucedido en sus clases, el único comentario prudentísimo de mi madre era: —Estate tranquila, y sobre todo no digas absolutamente nada» (2002, 90).

premio ni publicando sus poemas en vida de su madre como forma de respetar su miedo legítimo y, también, porque como ya se ha dicho, su entorno familiar más próximo no apoyó tampoco ninguna de sus iniciativas más allá de la crianza de los hijos y la docencia. Lo demás era impropio de una mujer casada en la penumbra estéril de la realidad granadí. Como ha visto acertadamente Raquel Lanseros,

> En una época en la que el término 'conciliación familiar' no había ni siquiera sido acuñado y en la que las mujeres estaban aún relegadas al ámbito doméstico, la semilla creativa de Mariluz Escribano hubo de esperar mejores tiempos para germinar (2020, 139).

Por eso es la suya una poética que duerme escondida en los cajones de un escritorio varias décadas, que se revisa una y otra vez, esperando la ocasión idónea, si acaso llega, esa en la que ya nadie pudiera sentirse irreparablemente dañado por su palabra precisa y fuese otro lector (o, especialmente, otra lectora), con otra mirada más abierta quien se acercara a cada verso, a cada poema de esos para los que jamás existió una palabra de aliento antes de 1991 en que se publican *Sonetos del alba*. Solo silencio, un mutismo doloroso que acabó por hacerle pensar, en algunas ocasiones, cuando la incomprensión por no sentirse valorada por sus iguales arreciaba («Porque está aquí y es solo la tristeza / de saberme mujer como manzana»)[40] si no sería mejor olvidarse, destruirlo todo con un fuego purificador. Por fortuna no lo hizo.

[40] «Canción de la tristeza», en *Canciones de la tarde,* Madrid, Torremozas, 1995, pág. 28.

Una escritora al margen de generación que, además, incomoda

Falleció Luisa Pueo y Costa en 1987 y, «Cuatro olivos», como denominó Mariluz a su casa en Urbanización El Serrallo, pierde a una mujer callada pero necesaria, honesta y prudente, volcada en la hija tan ansiada y en los cinco nietos, huérfanos de padre. Significa para la poeta empezar de nuevo otra vez, ya sin el anclaje que suponía esa madre, lectora impenitente de Unamuno, docente por vocación, honesta a carta cabal, mano siempre tendida a los demás, a pesar de su corazón devastado por la brutalidad de los padecimientos de la guerra y posguerra y por la aprensión que, interiormente, nunca la abandonó a pesar de su actitud estoica e imperturbable en las relaciones sociales. Unas relaciones que fue poco a poco restringiendo tras su jubilación de La Normal en 1968.

Para sobrevivir a un golpe emocional tan duro Mariluz se marcha al mar, a su casa de Salobreña, y en ese verano y los siguientes se replantea su futuro: lo que quiere ser de ahora en adelante, a lo que sigue dispuesta a renunciar. Sus hijos son ya adultos y España está cambiando una vez superada la Transición y esa idea primera de reconciliación imposible basada en el olvido de lo que implicó la Guerra Civil para no reabrir heridas (cfr. Yeste, 2010, 7-10). En el caso de cientos de miles de familias era inadmisible «una renuncia política que, amparada en la reconciliación nacional, dejaba intactos símbolos, físicos o no, de la guerra y la dictadura, en su afán de no "herir sensibilidades ni reabrir heridas"» (Rodrigo, 2008, 210). Y es en este instante cuando se produce la rebelión de la escritora Mariluz Escribano Pueo que, ahora ya sí, toma la palabra y la convierte en una bandera en defensa de la memoria, de la verdad y de la vida.

Pero sucede que, cuando ella intenta integrarse, las estructuras literarias granadinas, tan asentadas y firmes, tienen sus puertas selladas para una mujer de cincuenta y siete años que, todavía, no ha publicado ninguna obra. Es únicamente para ellos (si se me permite la simplificación) una reconocida líder del activismo cívico y una docente universitaria. Nada más. ¿Dónde están sus vínculos, sus maestros valedores en la lírica municipal, esos que deben dar el beneplácito a lo que escribe y propiciar su publicación ulterior? No los tiene. Lo que sí tiene, y además en contra, es esa edad que hace que no se la pueda siquiera clasificar generacionalmente, incluirla en el cajón adecuado para la crítica que, normalmente, todo debe catalogarlo subordinado a una época específica. Ella lo tenía asumido:

> Soy una poeta emboscada, tal vez demasiado discreta y con ningún *marketing*, ya lo sé, y eso, seguramente ha propiciado que lo que algunos llaman pomposamente «obra literaria», en lo que a mí respecta, sea poco conocida por los críticos (2017, 442).

Reside aquí el problema[41]. Es sabido que el canon se construye a través de las generaciones, y para incluirla a ella o a muchas otras autoras —en caso de que alguien hubiera querido—, la crítica contemporánea tendría que haberse molestado en hacer una reformulación de este. El constructo generacional, como basamento del canon, sigue entendiéndose, con pocos matices, tal y como lo definió Ortega y Gasset en 1920:

> Las variaciones de la sensibilidad vital que son decisivas en historia se presentan bajo la forma de generación. Una generación no es un puñado de hombres egregios, ni sim-

[41] Y en las características intrínsecas del ser granadino que el poeta y profesor Fernando Valverde califica con conocimiento de causa en la antología de la obra escribaniana que, bajo el título *Cuando me vaya* (2021), se ha editado a su cargo con motivo de la elección de la poeta como Autora Clásica del Año en Andalucía.

> plemente una masa: es como un nuevo cuerpo social íntegro con su minoría selecta y su muchedumbre, que ha sido lanzado sobre el ámbito de la existencia con una trayectoria vital determinada. La generación, compromiso dinámico entre masa e individuo, es el concepto más importante de la historia y, por decirlo así, el gozne sobre el que esta ejecuta sus movimientos (1961, 7).

Escribano Pueo que, por nacimiento pertenecería a la llamada «Promoción del 60», como tantas otras autoras, escribe al margen de sus coetáneos y no sigue en modo alguno las líneas prefijadas para ella. Con el añadido de que su poética no se ajusta ni en forma ni en fondo al momento en que decide publicar. No es la única. Tampoco escribieron en cuanto a tema/forma Carmen Conde, Gloria Fuertes Ángela Figuera Aymerich, Pilar Paz Pasamar o Paca Aguirre, atendiendo a los parámetros marcados por los especialistas. Tal vez, desde el ámbito de la crítica y la teoría literaria habría que haberse puesto a trabajar en la adecuación a la sociedad contemporánea de un nuevo canon integrador y con una perspectiva más abierta, sumando en una dialéctica dinámica dentro del sistema conceptos elementales, como calidad y riqueza cultural (Lotman, 1978); pero eso hubiera acarreado demasiado trabajo de estudio y una imprescindible revisión de la tradición comúnmente validada. Además de chocar frontalmente contra las estructuras del heteropatriarcado que, históricamente, ha venido teniendo el control de los medios de producción de discurso y que, poco a poco, han perdido ese «efecto de la titulación» del que hablaba Bourdieu (1998, 23) hasta alcanzar el grado de deslegitimación actual; esas mismas estructuras que, tomando partido por la élite, como aquella musa a la que se refería Bloom (1994, 44) han silenciado a las mujeres por sistema y por convicción porque se han negado a cambiar el código y los conceptos de la urdimbre, a revisar las convicciones culturales mil veces repetidas, si nos atenemos al enfoque de Fokkema (1996) o al condicionante cultural de la teoría de los polisistemas que acrisola Even Zohar (1999). Parece haber llegado el momento de que «preguntas como quién decide por quién y por qué debería leerse un grupo de textos determinado tomarán el lugar de preguntas como qué se debería leer» (Mignolo, 1998, 256).

Más aún: si las mujeres han sido ignoradas en las antologías hasta hace bien poco[42], ¿cómo podía abrirse hueco entre sus pares una mujer sencilla que, sin ambición de reconocimiento en la «premiolítica» literaria, únicamente buscaba la oportunidad de ser leída? Además, eso resultaba poco creíble para los que controlaban el mundo poético, un ámbito donde no se disputan cosas tan baladíes como el dinero, puesto que los (y las) poetas se juegan algo trascendental: la eternidad[43], y cualquier colega que se encuentren en la liza es un rival. O, si se me apura y por decirlo claramente, un enemigo a batir.

Pero es que, además, Mariluz Escribano no es una poeta cómoda, no escribe siguiendo los parámetros y los roles asignados a las mujeres de su generación toda vez que,

---

[42] Coincidimos con Balcells en que «Procede hablar, en cambio, en clave de marginación cuando una antología se presenta como "abierta" y se comporta como si no lo fuese, practicando una exclusión que no solo no se reconoce, sino que incluso, y a mayor inri, hasta se presume de que no se ha producido. En otras palabras: cuando se proclama "general" y resulta manifiestamente "parcial". Cuando incluye únicamente a los poetas, o a una cuota irrelevante de autoras, para antologar la poesía de períodos en los que resulta palmario que muchas de ellas han mostrado fehacientemente la significación y la calidad de sus aportaciones literarias. Si han de ponerse reparos, en fin, al uso abusivo del concepto "de género" por unilateral, que los afanes puntualizadores se extiendan a las antologías que, sin decirse "de género", al cabo lo son, porque recogen y reflejan muy prioritariamente al "género" hombre, y con las consabidas ínfulas, implícitas, de universalidad en muchos casos» (Balcells, 2006, 720).

[43] Sobre canon sincrónico y canon diacrónico, véase Remedios Sánchez García, *Así que pasen treinta años. Historia interna de la poesía española,* Madrid, Akal, 2018, págs. 11-20.

> ser poeta, para mí, es implicarse en la realidad cotidiana, empezando con la de una misma, una forma de ser y de estar en el mundo. Y puedo hacerlo, porque desde siempre escribo desde mi libertad, como quiero y cuando quiero, porque nunca he buscado nada más que responder a una inquietud que vive dentro de mí. Al margen de corrientes estéticas y de grupos, yo soy un verso libre (2017, 445).

Y desde esa libertad no habla de la belleza de los ocasos, salvo como fondo paisajístico poemático; la relación de amor/desamor entre hombre y mujer se plantea desde un plano de igualdad; la crítica a la destrucción del patrimonio natural e histórico es rotunda en su firmeza; un compromiso feminista militante subyace a cada instante; el ataque a la deshumanización es muy notorio. Y luego, progresivamente, convierte en protagonista radical la sangre derramada, la Guerra Civil, la memoria para no repetir tragedias evitables, el sufrimiento latente y contenido, pero sin ira; el perdón a los asesinos[44], que es algo que no suscita más que un rencor nuevo en quienes ejercen de herederos de quienes lo causaron, por no haber continuado habitando un silencio de plata.

La poeta que heredó de su padre una bandera

El nombre y lo que supuso Agustín Escribano para una ciudad derrotada económica y socialmente en los años treinta, así como el espanto de su fusilamiento, no se olvidó. Sus alumnos de distintas promociones[45] perpetuaron

---

[44] En esto incide Juan José Téllez (2019, sin pág.)

[45] Pascasio Mazuecos, el que creemos que fue el alumno vivo más longevo de don Agustín, impartió una conferencia sobre quien fue su maestro en la Facultad de Ciencias de la Educación en noviembre de 2008, con noventa y tres años, rememorando aquel Plan Profesional de la II República. Asimismo, con frecuencia escribía en las páginas del diario *Ideal* rememorando su figura: «Don Agustín Escribano fue mi profesor duran-

su memoria en voz baja, la encomienda que supuso su enseñanza, su modo de entender el magisterio, en sus aulas de los pueblos de la geografía andaluza de la posguerra. De esta manera y, poco a poco, la niña Mariluz, tras su retorno a Granada, fue acercándose a los que habían sido los lugares paternos sin comprender el significado que esto tendría con el paso de las décadas: las calles del centro, la Escuela Normal en cuya Aneja estudia en la infancia, luego la Facultad de Filosofía y Letras... A eso se suman los veranos burgaleses con los primos y en el contexto de la villa de Pedrosa del Príncipe, el salón de la casa de su tía presidido por el retrato paterno, cuya mirada de bronce penetrante siempre acaba por entrar en la mente de la chiquilla que lo observa fascinada desde la puerta. También está atenta a los siseos en las conversaciones de los mayores con su madre y nota el modo reverencial en que le acarician los rizos Hermenegildo Lanz, los historiadores Antonio Domínguez Ortiz o Antonio Gallego Burín (a la sazón, director general de Bellas Artes), por ejemplo[46]. Pero Luisa Pueo, en presencia de Mariluz calla, no menciona la «muerte por heridas de guerra», ni nombra los fusiles, el destierro o las represalias sufridas. Su obsesión es preservarla de la rabia, del aborrecimiento a los homicidas por haberlas despojado de lo más importante: una vida familiar y haber, por tanto, modificado el curso de sus vidas. Solo una vez, tras hurgar en los cajones del dormitorio materno con siete u ocho años y

te siete años consecutivos —cuatro del plan antiguo de Magisterio y tres del Plan llamado Profesional creado por la República siendo ministro del ramo Marcelino Domingo—. Este largo periodo de profesor unido a su ejemplaridad en su ejecutoria personal es mucho tiempo de relación profesor-alumno en plena muchachez para no dejar una huella indeleble en el último» (Pascasio Mazuecos, «Carta al Director. Agustín Escribano», *Ideal. Diario Regional de Andalucía*, 1 de octubre de 2008).

[46] «Lo apreciaba todo el mundo en aquella Granada pobre y gris de mi infancia, tanto de un bando como de otro» (Escribano, en Enrique, 2016, 88).

Agustín Escribano con su hija Mariluz en brazos en el balcón de su casa del Carril del Picón. Junio de 1936.

encontrar los documentos que acreditaban el asesinato, Mariluz fue corriendo a la cocina donde su madre vigilaba el fuego levísimo en el que se cocía el almuerzo mientras organizaba sus asignaturas[47]: «Mamá, a mi padre lo fusilaron, ¿verdad?». Parece que, lentamente, Luisa despegó los ojos del papel, soltó la pluma, miró fijamente a la niña que le acababa de inquirir algo tan serio y contestó únicamente: «verdad». Y siguió con sus labores[48]. Nunca más madre e hija volvieron a tratar sobre tanto desaliento abatido que no puede albergarlo el alma sin asfixiarse en desconsuelo. Sin embargo, al regresar a sus juegos, Mariluz cogió una foto de las varias que había protegidas dentro de una lata vieja de galletas, se la llevó a su cuarto para mirarla a solas y empezó a construir la imagen del padre a partir de retazos de conversaciones, de menciones cuando la creían jugando; luego, ya adulta, su búsqueda se hizo mucho más activa intentando conocer todo sobre aquel hombre que tanto quiso tener una hija[49] para mostrarle un mundo mejor, uno que al final, resultó que era quimérico. Más tarde, en la Normal, en su etapa de estudiante, conoció a algunos antiguos compañeros de su padre y también más adelante, cuando ingresó como docente. Todo esto Mariluz lo fue

[47] En entrevista de Francisco Gil Craviotto, Escribano explica a propósito de su madre: «Fíjate que era profesora de la Normal y salvo las asignaturas de ciencias, lo daba todo: filosofía, historia, literatura, trabajos manuales, gimnasia... [...] después de la guerra querían cerrar la Escuela Normal. De los pretextos que sacaron a relucir fue que para alguna asignatura no había profesor. Entonces mi madre, para evitar que la cerraran, decidió cubrir las plazas vacantes. [...] Se acostaba todas las noches a las tantas preparando sus clases del día siguiente» (Gil Craviotto, 1994, 14).

[48] La escritora nos contó todos estos detalles.

[49] Su tía Obdulia Escribano sí le habló ocasionalmente de él (sin que se enterara su madre), de la ilusión que suponía su nacimiento y de las cartas que escribía a esta hermana contándole, recién nacida la niña, la alegría que implicaba tener la oportunidad de darle una vida y una educación sin las privaciones y los sacrificios que él hubo de hacer.

guardando, con memoria prodigiosa, reservándoselo para cuando se dieran las condiciones idóneas que le permitieran profundizar en la biografía de Agustín sin causar zozobra, desasosiego y angustia a la mujer sacrificada que era su madre que, como una roca que protege frente a las embestidas del mar, fue el apoyo, el sostén imprescindible de una vida larga y con dureza de pedernal desde que la infancia se acaba y empieza la edad adulta.

Será en los últimos veinticinco años de su vida cuando decida que, aparte de haberlo ido escribiendo poco a poco desde 1957, debe procurar publicarlo y, además, contarlo con el necesario detalle. Que debe saberse la realidad, como decíamos al principio, de «una historia que no fue infancia alegre, / sino aquello que no pude contar»[50].

Una poesía en tres tiempos

El clasicismo inaugural (1991-1995)

Al abordar la trayectoria poética de Mariluz Escribano, es obligado atender a las tres fases que representan las etapas primordiales por las que transita su obra. La primera de ellas, de corte más clasicista en lo formal, la conforman tres poemarios: *Sonetos del alba*, *Desde un mar de silencio* y *Canciones de la tarde*. Juntas componen una trilogía que, aunque no responde al orden de escritura que siguió la poeta granadina, sí que buscan reflejar una voluntad de estilo, un modo de acercarse a la publicación de versos en las postrimerías del siglo xx.

[50] Versos del poema «Te regalo mi nombre» incluido en *Geografía de la memoria* (2018), pág. 13.

a) *Sonetos del alba*

Si había una editorial/colección prestigiada en la Andalucía de los años setenta a noventa, esa era Guadalhorce, donde se habían editado, en tiradas numeradas y exquisitas, poemarios de Rafael Alberti, Pablo García Baena, Guillermo Carnero, Pere Gimferrer, Jaime Siles, Luis García Montero o Luis Alberto de Cuenca, entre otros autores primordiales del siglo xx. El responsable de la colección literaria, que como se sabe estaba asociada a la librería anticuaria del mismo nombre, era Ángel Caffarena Such (1914-1998), sobrino del poeta de la generación del 27 e impresor Emilio Prados. Caffarena había pasado muchos ratos de su infancia viendo cómo su tío Emilio y Manuel Altolaguirre ejercían de editores en la histórica Imprenta Sur y parece que le cogió gusto al oficio. De ahí su vocación por dar luz a las primeras obras de autores elegidos con cuidadoso esmero en la Imprenta Dardo y, en los últimos años, en la antigua Imprenta Montes. Mariluz Escribano envió el manuscrito a la dirección postal de Guadalhorce en septiembre de 1990 y, tan entusiasmado se mostró el ya anciano editor con la desconocida autora primeriza de cincuenta y seis años, que inmediatamente se dispuso a publicarlo. Quedan algunas cartas entre ambos donde tratan cuestiones menores, como alguna errata encontrada en las revisiones últimas o incluso el ya precario estado de salud de don Ángel. *Sonetos del alba*[51] vio la luz en 1991 y consta, como se ha adelantado,

[51] Sobre el título apunta Manuel Gahete que «conforma una clave capital del libro. [...] nos remite de inmediato al cantar del alba, la hora del amanecer en que la mujer espera anhelante la llegada del enamorado. Tema usual en los cancioneros medievales de Castilla, el cantar suele ponerse en boca de la enamorada que reclama la presencia del amado, lo que asimismo ocurre en las jarchas andaluzas y en las cantigas de amigo

de 22 sonetos[52] tal y como se aclara en el subtítulo; se trata de un volumen en formato pequeño[53], hecho artesanalmente y numerado a mano (del 1 al 100) que hoy resulta inencontrable. Por tal razón, en noviembre de 2005 se reimprime[54] en la editorial Dauro con prólogo de Gregorio Salvador, vicedirector de la Real Academia Española, y estudio preliminar de quien suscribe. El jardín —la naturaleza en su conjunto— ejerce como espacio de ambientación del sentimiento amoroso en unos endecasílabos pulcros hasta el extremo, como ya avanza Salvador:

> La literatura es, antes que nada, forma, y la lírica en lengua española tiene formas muy conocidas y bien codificadas, entre las cuales el soneto reina: la auténtica piedra de toque para aquilatar a los poetas verdaderos. [...] Un jardín de sonetos: veintidós sonetos para un jardín, según se nos anuncia desde el subtítulo, y luego nos va llegando una sinfonía de aguas, de pájaros, de nubes, de palomas, de vientos, de cipreses, de almendros y de albahacas. Y luces, y manos, y sombras y amor. Y una herida constante y renovada (Salvador, en Escribano, 2005, 10-11).

Desde la intensidad sublime de un amor pasado, se alza a lo largo de un poemario bien planteado la idealización

---

gallegoportuguesas, mostrando que se trataba de una práctica extendida por toda la península ibérica. Escribano nos remite a esta tradición convirtiéndola en original materia de su emoción acallada, en la que se revela un pesar severo porque el amor requerido no acude a la llamada y todo se reduce a ruda soledad [...]» (Gahete, en Escribano, 2021, 43).

[52] La razón para escribir con esta estructura compositiva tan tradicional —y hoy en desuso— la explica la propia autora: «Me pareció un desafío porque siempre he creído que enfrentarse a la disciplina de la métrica supone un plus de dificultad para hacer un poema» (Escribano, en Sánchez García y Gahete Jurado, 2017, 442).

[53] Los libros de esta colección miden 16 cm.

[54] En esta segunda edición, la autora suprime el subtítulo. Por cierto, que igualmente se encuentra agotado.

del sentimiento, lirificado desde el inicio, que viene a enlazar con la mejor tradición sonetística clásica. Desde ese soneto del alba amorosa (es el IX) hasta el final (soneto XXII) hay un largo recorrido emocional que aborda correctamente la idea baudelaireana de que el amor está sentado en el cráneo de la humanidad, pero que también, una vez que se aquilata, que se asienta progresivamente —en este caso en un desengaño—, se puede analizar serenamente, tratar de ponerle las palabras precisas que lo enmarquen; pero solo a base de ir destilando el sentimiento de amor/desamor con el transcurso del tiempo y la paciencia necesarias, hasta dejarlo desnudo para poder, superado lo que tiene de personal, revestirlo literariamente —ahora sí— y convertirlo en literatura, hacerlo pasar del *yo* al otro lado de un espejo en el que se pueda ver reflejado cualquiera. Así, tras el amor que es alba y despertar[55], llega la soledad, encuadrada en el abatimiento doliente asociado a la tarde o el anochecer del soneto XVII[56]:

> Desmayo de la tarde hacia el poniente,
> paso a paso la sombra descendiendo,
> quebrada ya la brisa, oscureciendo,
> cipreses en el agua de la fuente.

---

[55] El nacimiento y desarrollo del amor lo vemos en los sonetos VIII («Si te me mueres, di, cómo nombrarte»), X («Corazón, centinela de mis horas»), XI («Te amaré desde el mar y en las arenas»), XIII («Rama de almendro, altiva interrogante»), XVI («Qué dorada de sol y qué serena»), XVIII («Hay un cantar de alondras por el viento»), XX («Alga de mar o acaso caracola») y XXII («Vuelve mi voz con vocación de brisa»).

[56] En la misma línea van el II («Duérmete ya que está la luz cayendo») III («Paloma blanca de tan alto vuelo»), V («Hoy debo decirte: estoy cansada»), VI («¿A quién doy mi corazón cansado»), VII («Oscuro es el dolor, oscuro el llanto»), XII («Se conduele mi voz, se siente herida»), XIV («Se adorna de tristeza el alto monte»), XVII («Desmayo de la tarde hacia poniente»), XIX («Azul, azul volcada en los cristales) y XXI («Sola del cielo, amor, y abandonada»).

Un temblor de hierba que se siente
herida soledad, siempre sufriendo
sin flor ni aroma, apenas si creciendo
socorrida de amor por la corriente.

Pequeña alondra que en el chopo canta
acunando la tibieza sobre el trigo
ajena a la alegría que levanta.

Del monte anochecido se adelanta
este olor a mastranzo que persigo
para verde collar de mi garganta.

(2004, 53).

Hay también dos sonetos de amistad y remembranza de dos amigos desaparecidos: uno que recuerda una visita a la Alhambra acompañando al pintor Manuel Ángeles Ortiz (con el que principia el poemario: «Mientras llueve en París, duerme Granada / y la brisa y la tarde van heridas / Manolo de los Ángeles no olvidas / la torre en el estanque reclinada»); y otro, tras el fallecimiento de la creadora Isabel Roldán García, prima de Federico García Lorca y una de sus amigas más queridas (el IV: «Alta frente ya en sombra convertida / Isabel de la albahaca y yerbabuena, / quebrada voz de sombra y azucena, / tarde a tarde cantando estremecida»). Quien ha abordado con más acierto lo concerniente a *Sonetos del alba* ha sido Gahete Jurado:

> Amor y soledad litigan en un apasionado bucle donde dolor y gozo confluyen casi epitelialmente. Es visible el enorme caudal de influencias textuales e intertextuales que se observan en los sonetos de Escribano, siendo referenciales las apoyaturas del periodo áureo en la construcción de su discurso: Petrarca, Garcilaso, Gutierre de Cetina, fray Luis de León, Francisco de la Torre, san Juan de la Cruz o Quevedo, lo que no invalida la herencia de Bécquer, Juan Ramón, An-

tonio Machado, Neruda, Lorca, Prados, César Vallejo o Miguel Hernández, conformando un espacio personal alimentado por el sustrato indispensable de la gran tradición poética castellana (Gahete en Escribano, 2021, 45).

b) *Desde un mar de silencio*

Este poemario se escribe durante el verano de 1987, justo tras la desaparición de su madre; nos encontramos ante una de las elegías más hermosas del siglo XX[57], en mi opinión equiparable al *Llanto por Ignacio Sánchez Mejías* de Federico García Lorca, escrita cuando el toro, de nombre Granadino, acabó con la vida del matador amante de la literatura; o a la *Elegía a Ramón Sijé* de Miguel Hernández. Se publica varios años después, en 1993, en una colección exquisita dirigida por el polígrafo y activista Juan de Loxa nominada Los cuadernos del Tamarit. Estamos, como en el caso anterior, ante una edición numerada de 200 ejemplares igualmente hoy imposible de encontrar, incluso en librerías de lance. En el poema de Escribano, compuesto de 87 versos, se hace un recorrido por la vida de Luisa Pueo y Costa con un trazo vigoroso transido de pesadumbre reconcentrada, tan hondo como un pozo, que se inaugura con la definición de la mirada inocente que se construye en la niñez, en este caso, insinuando indirectamente que estamos ante una remembranza de la suya propia («el niño es el regreso a un espejo de hierbas»):

---

[57] Gil Craviotto lo define como «sincero y tan fieramente humano que dejaba el alma en vilo. Y, como aunque fuera de soslayo, también era una de las más doloridas evocaciones de lo que fueron aquellos años terribles de la posguerra» (Gil Craviotto, 1994, 14). Posee, para Gahete Jurado, «la reciedumbre de los poemas homéricos y la delicadeza de los cancioneros» (Gahete Jurado, en Escribano, 2021, 46). Desde el punto de vista del chileno Raúl Zurita, «una de las elegías más conmovedoras de nuestra lengua» (Zurita, 2021, 31).

En el niño el misterio es su mirada intacta
que adjetiva la savia del húmedo futuro,
cuando alcanzar al hombre es nombrar la tristeza
y sentir cómo el tiempo suprime los pronombres.
El niño es el regreso a un espejo de hierbas
con senderos que surcan un sol indeclinable
que los pájaros vencen con sus vuelos oscuros.

(1993, sin pág.).

Es decir, la infancia inocente implica, acaso, la oportunidad de la esperanza inmersa en la naturaleza, del futuro posible cimentando un universo de oportunidades para ese ser que se abre a la vida. Por contra, con su afirmación de que «alcanzar al hombre es nombrar la tristeza», establece el vínculo con la desolación de la ausencia del padre, de Agustín, omnipresente en cada actuación de Luisa, que acaba por someter la viabilidad de ilusión, igual que los pájaros «vencen con sus vuelos oscuros» a la luz solar, en una metáfora afortunada. Resulta llamativo que use el hiperónimo «pájaros». Mariluz gustaba de nombrar con precisión siempre a las aves: de la tórtola al ruiseñor, pasando por las palomas, avefrías, gorriones o vencejos. En este caso suma a todos los alados que se unen —y eso es lo extraño, porque no sucede nunca más en su obra— para triunfar sobre la luz, para ocultársela, igual que sucedió en la existencia materna.

Sigue, en la segunda parte del poema, la aclaración del instante en que va a rememorar esta etapa, utilizando una concatenación de imágenes y metáforas que implican una condensación emocional centrada en el dolor sosegado (aunque no por eso menos lacerante) con el que, ahora, ella, afronta la pérdida materna:

Y es así que esta tarde,
cuando me miro y siento los puñales del tiempo
con esquinas de múltiples alfileres de agua
que me cosen la boca con heridas pequeñas

con sosiegos, silencios
y soledades claras,
cuando no tengo a nadie a quien cantarle un verso
o darle una limosna de beso remansado,
con quien hablar de nada
con serena tristeza,
leo a Guillén y pienso:
el amor fue mi casa,
quiero decir mi madre,
con sus andares lentos,
con su afanoso amor por ordenar la casa
y conservar la harina de los racionamientos,
los retales,
los hilos
y la esperanza intacta.

(1993, sin pág.)

Avanza a continuación con el recorrido por las claves vitales de Luisa Pueo y Costa[58] vinculado al *vita militia* que

[58] A propósito de su madre, hay un retrato muy claro de ella en *Memoria de azúcar:* «mi madre, torrente imparable de labores, fortaleza de palabras, insobornable manera de estar en el mundo, hondura de sentimientos, una eterna mañana de trabajos, un estricto sentido del cumplimiento del deber, una melancolía de soledad en la indecisión de las tardes. Como un secreto que guardará celosamente, jamás supe de su felicidad o su tragedia, la tristeza no habitaba en ella, aunque tampoco hubiese dado cabida al olvido de su desdicha, sobre todo el asesinato de mi padre. [...] Aragonesa de nacimiento, de la estirpe de los Costa, vivió su primera infancia, además de en internados, con Joaquín y Tomás Costa. Siempre tuvo un estoico sentido de la existencia y de la dignidad del trabajo. El asesinato de mi padre por el fascismo en la guerra civil del 36, la hizo fuerte, indesmayable ante el mundo heridor que la rodeaba, valiente y hacendosa. Su prudencia la llevó a un mundo de palabras cercenadas, imposible en el momento político que vivíamos, pero ese mundo de aparente mansedumbre y silencio en el que naufragábamos todos, fortaleció sus convicciones, su manera liberal de entender la vida, la herida del tiempo. La amistad fue para ella un canto de devoción y fidelidad. Y así crecí yo a su lado, en la máxima y continua exigencia del trabajo o

ha marcado firmemente a ambas: una constante lucha contra la adversidad, interpretada ya desde su mirada de mujer adulta, sabedora del sacrificio realizado a fin de distanciarla a ella lo máximo posible del sufrimiento aunado a la situación en un contexto de posguerra y carencias de todo tipo. Esto, que en la niñez era algo sobre lo que había pasado de puntillas, en esta nueva etapa se va a convertir en una constante, porque la mujer adulta y serena que ahora es Escribano comprende lo que debió de significar en toda su dimensión, el sobreesfuerzo emocional que conllevó tal actitud de sobria contención que siempre fue tan característica de doña Luisa; y de esta manera,

> Necesario es decir que mi madre cantaba.
> Yo no sé si cantaba para olvidar escombros,
> ruinas,
> muertes,
> tristeza,
> guerras,
> hombres,
> palabras,
> telarañas del tiempo,
> sangre no regresada,
> pero yo la miraba desde el patio llovido,
> sentada en la terraza,

---

el estudio, bajo el redondel de luz de una lámpara que casi nunca se apagaba por las noches o en el torrente de claror que penetraba por las ventanas de la casa orientadas a levante. Si de alguna manera hoy puedo recordarla, lo hago con un trasfondo de biblioteca bien surtida de libros fundamentales y desde un cestillo de costura de mimbre y un armario de hilo, botones y retales. Bordadora mi madre, trabajadora de la aguja, apasionada de las telas, afanosa en las sábanas y los manteles de las celebraciones, los encajes y las confecciones. Fue profesora muchos años en la Escuela Normal en varias asignaturas para evitar que el centro en el que se formaban los maestros fuera cerrado, y allí dejó una impronta inolvidable en sus alumnas, que todavía la recuerdan con emocionado fervor» (Escribano, 2002, 108-109).

cuando el otoño alzaba una luz de madera,
y pensaba: es mi madre,
definitivamente,
y mi madre es mi casa.

(1993, sin pág.)

Esa identificación de la madre con el hogar, con un refugio seguro para una niña sin otro referente primordial, es una constante en la obra de Escribano[59]. Sigue el poema desde ese tono plástico cargado de melancólica añoranza con versos donde la sensorialidad desborda y nutre la delimitación de los rasgos de una mujer entregada en exclusiva al trabajo y a su hija con una fortaleza abisal:

Mi madre era la fuerza sideral de los hondos
caminos de la espiga alejada del agua.

(1993, sin pág.)

La tercera y última parte del canto/planto, asociada al tópico *fugit irreparabile tempus,* es de una carga emotiva implícita, lo cual no viene sino a reforzar, más si cabe, esta declaración de duelo inconsolable, de lamento inmarcesible que no tiene fin, que solo es pórtico de una etapa vital distinta donde la ausencia viene a determinar un estado de aflicción tan inmenso. Y todo está marcado por una música, un ritmo lento de violonchelo, imágenes de gran plasticidad que se van superponiendo para alcanzar el clímax:

[...]
Y ahora, cuando no vuelve,
cuando la llamo y nada
presagia su palabra de inmediata costumbre,

---

[59] Concretamente se percibe con idéntica reciedumbre en sus memorias de infancia, *Sopas de ajo* (2001).

desde el patio la llamo,
desesperadamente,
y solo el mar responde[60],
es decir, solo el viento,
quiero decir la brisa,
aquella que movía su pelo, levemente,
mientras la luz de otoño deshacía
la suave penumbra de los arces.

(1993, sin pág.)

Como se puede observar, poco a poco la imagen materna va disolviéndose en una naturaleza de atardecida, en un cosmos (mar/viento) que, en su poética, siempre se asocia con un final, en este caso cargado de inconsolable abatimiento. La inabarcable desolación de quien es consciente, en su infinita soledad, del desgarro de sentirse emocionalmente apátrida («el amor *fue* mi casa, / quiero decir, mi madre»), de quien ha perdido a la persona que representa el amor más puro y limpio que se pueda expresar con palabras. El amor de una madre que fue faro, brújula y paz cuando alrededor arreciaban las tormentas.

c) *Canciones de la tarde*

El tercer poemario de Mariluz Escribano se publica en una editorial comercial de amplia difusión, Torremozas. Fundada en 1982 por la escritora Luzmaría Jiménez Faro, heredera y

---

[60] García Linares apunta que aquí «el mar [funciona] como símbolo de la inmensidad misteriosa de la que todo surge y a la que todo torna, esto es, como principio y fin de la existencia, como vida y muerte, y como madre, el ser que nos da la vida y del que la muerte nos separa; y el silencio provocado por la soledad, el angustioso estado en que se vive y que se revive ante el recuerdo de la progenitora, de la madre, de la casa, de la infancia..., todas perdidas» (2021, 174-175).

albacea de Gloria Fuertes y Carmen Conde, se dedica especialmente al rescate y puesta en valor de autoras que actualmente son ya clásicas indiscutibles (empezando por Carmen de Burgos *Colombine,* Concha Espina, Josefina de la Torre, Ángela Figuera Aymerich o Juana de Ibarbourou, entre otras muchas). Aunque nos consta que estaba terminado en los años ochenta, *Canciones de la tarde* se publica en febrero de 1995 dentro de la colección «Libros del Jacarandá» y es otro de los poemarios agotados de la polígrafa granadina. Una de las claves que lo hace tan atractivo es su intimismo; pero sucede que la autora concibe así la poesía, como algo íntimo que conecta con lo propio, con lo biográfico:

> sigue la línea intimista [se refiere en este caso a *El corazón de la gacela*], si es que puede existir una poesía que no sea íntima y personal. La poesía, creo yo, que o es vivida o no es poesía de verdad. Yo nunca he comprendido bien eso de distinguir poesía que se basa en la experiencia de la poesía que no lo es... como si pudiera existir una poesía que no se base en las vivencias de cada uno. Fundamentalmente porque lo que no se conoce, no se puede nombrar, no se puede decir sin que se note el fingimiento. Y si un lector percibe un fingimiento, estás perdido. Lo digo como lectora y como docente. Esa poesía me parece que no conmueve porque no transmite vida, es un experimento que, de antemano, está muerto. La vida es el motor de la poesía y eso no debería olvidarse [...] (Escribano, 2017, 444).

Canciones de la tarde se inicia con una cita de Petrarca que está en la médula del espíritu del libro, «Porque el dolor cantando disminuye / cantaré la manera en que era libre / mientras Amor en mí no se albergaba»; se trata de una traducción libre[61] de unos versos de la *Canción IV*, que,

[61] Hemos buscado en la biblioteca de la autora sin dar con la edición referida del *Canzionere* petrarquista. Aquí citamos por la traducción del toscano de 1591, obra del portugués afincado en Perú Henrique Garcés.

como sabemos, se sitúa «*Nel dolce tempo de la prima edade*», que viene a enlazar con la escribaniana «Canción del no retorno», que se clausura con esta tercera estrofa:

Oculta en algún sitio
la infancia no regresa,
perdida en la penumbra
que erigieron los vientos.

(1995, 22)

En el mismo sentido incide el cierre de la «Canción del álbum»:

Estos ojos de agua, pensativos,
de una infancia dorada,
me miran desde el álbum de recuerdos
con una luz cumplida de inocencia.

(1995, 31)

Canciones de la tarde está compuesto por 35 poemas escritos en verso libre[62] con predominio del endecasílabo (el verso predilecto de Escribano) y del heptasílabo, plenos de sensorialidad y paciente reflexión[63], donde los silencios cumplen una función trascendental para favorecer la in-

---

62 Coincido plenamente con Cabrera Martos en que «el verso libre de Escribano supone, por tanto, la aspiración armónica a un arte total en el que la inflexión no oculta, sino que expresa la variabilidad de una fronda densa en música y sentido. Consecuentemente, el verso libre no existe como tal porque conlleva en su interior un ritmo reiterado, aunque en variación» (Cabrera, en Escribano, 2021, 166).

63 Como ha recordado Gahete, «los versos endecasílabos y heptasílabos, perfectamente armonizados, nos remiten al núcleo de la tradición italianizante y asimismo a la elegancia, sencillez y naturalidad del cancionero petrarquista, donde *Canciones de la tarde* hunde sus raíces» (Gahete, en Escribano, 2021, 47).

trospección que implican. A propósito de esta cuestión reflexiona en una entrevista: «El silencio se crece en el silencio. El alboroto no agudiza los sentidos para mirar hacia adentro, y la poesía es eso, un mirar constante hacia las emociones hondas» (Gallego Coín, 2016, 57). De esta manera y como afirma José Espada en el Prólogo,

> [...] nos transporta hacia una exploración nostálgica de un tiempo pasado, en el que la autora lleva a cabo una introspección de sí misma, por un cierto distanciamiento que, en definitiva, es proyección de su propia personalidad. De ella puede decirse que sus versos navegan con precisión para impactar siempre bajo la línea de flotación de nuestros sentimientos más recónditos, allí donde se acumula el vaho de la nostalgia y esa residual y «dulce melancolía de haber amado», que dijo Rubén (1995, 12).

Hay un intento de juego de espejos para desdibujar su identidad, pero para quien conozca, *grosso modo,* sus escenarios vitales, se intuye claramente que hay mucho de biografía desleída detrás de cada verso, de cada composición, alejada ya de ese encorsetamiento que, al cabo, supone escribir siguiendo la estructura métrica que implican los sonetos. La autora escribe desde la desesperanza, desde una tristeza nostálgica e inconsolable por lo que «pudo ser y no haber sido», conforme avanza en la «Canción primera» y luego en «Canción de la tristeza», donde esclarece con categórica rotundidad el argumentario:

> Aquí está la tristeza.
> No hay mar para abarcarla con latidos
> de barcos por sus olas,
> no hay albas más inciertas por sus bordes,
> ni sueños que respiren
> paisajes humanísimos y ocasos.
>
> Porque está aquí y es solo la tristeza
> de saberme mujer como manzana

asomada a la lluvia del espejo,
a una historia desnuda de relatos
y un pasado sin nombre y consecuente
y justamente azul, como debiera,
como debe erigirse en la memoria.

Ahora tengo una mano de marfil
y otra de ausencia
y ejerzo de tristeza y de noviembre.

(1995, 28)

Efectivamente, así es. Ejerce «de tristeza y de noviembre» en un mundo vegetal y sencillo donde pesan infinitamente las ausencias de personas que tuvieron un papel protagónico en su desarrollo personal y que ya no están. En esto reside el titánico esfuerzo de la poeta por recordarlas, por nombrar a todos, a quienes la han guiado en su periplo existencial, un camino cada vez más jalonado de fuentes, crepúsculos, cipreses, lluvias, arces desnudos, que se oponen a los manzanos y los jazmineros, las acequias, las hierbas olorosas y los bueyes de agua; y todo ello con un ritmo poemático cadencioso que se basa en la aceptación —no exenta de desaliento, de la nostalgia desdichada—. La «Canción primera» ya nos lo anuncia así:

Este lugar en que a morir me siento,
junto a un agua de juncos y de olvidos,
es un lugar de sol y de caminos
abierto al aire del vivir sereno.
Junto a la fuente está el amor inmerso
en glaucas lejanías, desencantos.
Este vivir así llena de espanto
cuando no de infeliz melancolía.
Melancolía triste del olvido
sobre las jaras y los jaramagos:

todo el paisaje, en fin, de la nostalgia
sobre un fondo de azules campanarios[64].

(1995, 21)

No obstante, aunque el eje temático se centra en el amor que desgarra fatalmente esa inocencia de la infancia y concluye en un gris desánimo que abarca todas las facetas de la existencia y la sumerge en un desconsuelo permanente, hay algo que resulta llamativo y es, dentro de esa infancia que evoca en su «Canción de la Huerta»[65], los dos endecasílabos finales que vienen a romper esa pureza limpia de los juegos hasta el anochecer entre rosas, musgos, higueras y acequias de agua inagotable:

Era un tiempo de canciones y trigo
con Federico ausente como un muerto.

(1995, 33)

De la misma manera, la contundente rememoración de lo que supone para ella García Lorca y la pervivencia de la memoria del poeta la encontramos en «Canción para Federico», escrita en alejandrinos (exceptuando el heptasílabo

---

[64] Los mismo sucede en la segunda estrofa de «Canción de la despedida»: «Yo sé que voy camino del olvido / y dejó atrás, paciente, los frutales, / las sombras y las fuentes, los cipreses, / rosas con su perfume quebradizo, / hierbas como escarcha en el silencio, / rocío en el cristal que abate el frío. / Y sé que miro al mar y me despido, / y digo adiós a todo lo que pasa, / lo que tiene un vocablo. / Y nombro despaciosa, con deleite, / por si acaso mañana fuera inútil / asomarse al escombro del crepúsculo, / enmudecer al borde de la noche» (1995, 37).

[65] Ambientada en la Huerta de San Vicente, casa de verano de la familia García Lorca y lugar de esparcimiento en los años cuarenta-cincuenta para Mariluz, como ya se ha adelantado. Cfr. para ampliar sus memorias de infancia, *Sopas de ajo, op. cit.,* págs. 89-96 y la imprescindible obra de Jesús Ortega, *La caja de la alegría, op. cit,* págs. 100 y ss.

del primer verso), donde las alusiones a *topoi* lorquianos asociados a la sensorialidad de la tierra y a lo popular de la tradición que subyace en su obra primera[66], se entrelazan con su discurso poemático sumergido igualmente en un mundo vegetal y agrario:

Volverá con los trigos:
cuando la tierra cierre los surcos del arado
y levanten almiares los hombres con sus bieldos,
y todo el aire tenga un silencio de alondras
pálido como el alba tristísima del tiempo.

Como una gran marea volverá con canciones,
como una suave brisa despeinando las frentes,
como un dolor de octubre que se presiente y tiene
dorada la sonrisa tiernísima del árbol.

Volverá Federico con su voz en la mano
como un arcángel dulce de espigas y sonrisas.
Desde el balcón abierto a la herida de la tarde
dejará un crepúsculo de negras golondrinas.

(1995, 40)

Se abre paso con firmeza lo que ya se adelantaba en *Desde un mar de silencio:* la memoria histórica, la necesidad de rehabilitación (de verdadera restitución) de las víctimas, esas que no podían nombrarse durante el franquismo y la primera etapa democrática y que, para ella, están simbolizadas todavía[67] en un nombre primordial[68].

---

[66] Sobre cómo impregnan sus raíces la obra de Federico, véase el trabajo ya citado: R. Sánchez García (2019), *op. cit.* También A. Martínez Ezquerro (2019), del mismo volumen.

[67] Digo «todavía» porque de la figura de su padre no había publicado aún nada, aunque estuviera escrito desde los años setenta.

[68] Para muchos sigue siendo así. El director teatral y actor Pepe Rubianes estrenó en 2006 la obra *Lorca eran todos,* que profundiza en esa idea.

Pero es el desamor, el desencanto, la pérdida del candor con la caída de las hojas del calendario conforme avanza la madurez, ese sentimiento de orfandad de los espacios que ahora están ya silentes[69] de juegos y canciones de chiquillas o risas de muchachas que miran al futuro con la palabra amor encendiendo la mirada (cfr. «Canción de la despedida»). Ha pasado esa etapa[70], incluso el tiempo del mar enlazado al amor primigenio («cuando las olas llegan y sucumben / al amor trasminado entre la arena», 1995, 37) y también al amor maduro, al que dedica la «Canción de la súplica»:

Cincelada por ti, inscrita en tu memoria,
por los siglos seré amor indestructible,
inamovible roca, enamorada y alta,
recogiendo el suspiro que tú quieras dejarme

(1995, 27)

Bien pareciera un poemario de cierre de una carrera literaria (el Brines último tiene un tono similar en su póstumo *Donde muere la muerte)*[71], el fin meditativo de una vida donde solo la fidelidad de los árboles, del ecosistema en su conjunto, es inalterable. Resguardada en una casa con libros, ausencias y añoranzas; pero sola[72] en su contemplación introspectiva y sus recuerdos, no esperando ya nada[73],

---

[69] «Y nadie canta o grita o habla o llora» inaugura la «Canción de París» con ese polisíndeton enfático.

[70] Ella es consciente: «Al este no había nada, era mentira / inventada por alguien insolvente, / y el poniente era solo una penumbra / que acompañaban pájaros insomnes» («Canción desde la colina», 1995, 52).

[71] *Donde muere la muerte,* Barcelona, Tusquets, 2021.

[72] Véase «Canción de la pregunta», cuyos cuatro últimos versos afirman: «Que alguien diga, sucintamente serio, / en qué fecha nací para el olvido, / en qué memoria de cristal se encuentra / este ser que soy yo y abandonado» (1995, 47).

[73] Se revela la «Canción postrera» «con sereno mirar sobre las cosas / y nada fue verdad y sí mentira. Y nadie construyo nada por nadie / y solo

con la soledad de los pájaros de fondo, «en el jardín que habita la memoria» (1995, 45).

En el nombre del padre. «Umbrales de otoño» (2013)

Tras casi veinte años de silencio retorna Escribano Pueo a publicar poesía[74]. Se trata de una obra olvidada, guardada en un cajón, en la que hallamos que la mayoría de los poemas están escritos en los años setenta y ochenta del siglo xx. Pasado el tiempo, sobre *Umbrales...* afirma:

---

soledad quebró la vida» (1995, 56). Implica, como se observa, un retorno al soneto XXI, «Sola del cielo, amor y abandonada» *(Sonetos del alba,* 1991, sin pág.).

[74] Lo explica de esta forma: «Después [se refiere a *Canciones de la tarde*] vinieron años de silencio (me gustan mucho la soledad y el silencio), de no escribir siquiera poesía. Me centré en la narrativa como nuevo reto personal, en obras memorialísticas y luego en relato breve; y en mis alumnos y en vivir, que ya es bastante» (2017, 442). En cuanto a obras memorialísticas —que son las que vienen al caso— se refiere a *Sopas de ajo* (2001) y *Memoria de azúcar* (2002); a propósito de la primera Fernando de Villena enfatiza que «la capacidad de evocación de la narradora resulta asombrosa y todo se nos presenta con un tono emocional y firme y todo presidido por la melancolía y todo bajo un diálogo continuo Norte-Sur, Alta Castilla-Andalucía y en cada página planea la ausencia del padre fusilado por los franquistas al inicio de la guerra civil. A veces [...] una prosa, en suma, de gran riqueza no solo por la abundancia del léxico, sino también por los originales símiles y las brillantes metáforas que lleva engastadas en cada momento» (Villena, 25 de marzo de 2001, sin pág.). Tiempo después, se ocupa también Gallego Morell: «acaso no exista en Granada una pluma más ajustada y expresiva que la de Mari Luz [...] y así de sencillo: sin hipérbole alguna en las comparaciones. Mari Luz ha demostrado —como ya intuíamos quienes leímos sus artículos— que es la mejor pluma granadina de hoy que se afana en el oficio. [...] Un libro como *Sopas de ajo* nos llega como una lluvia fina que limpia en literatura de nuestros días y que merece ser saludado como Machado saludó los capítulos azorinianos sobre Castilla» (20 de febrero de 2001, pág. 7).

> Ese libro era y sigue siendo un refugio secreto: el de mi memoria de infancia, el del amor a mi padre, que fusilaron por ser el director de la Escuela Normal de Maestros, el de la admiración a mi madre, primero depurada por la dictadura, luego maltratada por ese régimen, pero siempre atenta a que yo tuviese una infancia lo más feliz posible (Escribano, 2017, 443).

Encontrar el original se produjo por casualidad en octubre de 2012, dado que ella no tenía pretensión de volver a publicar poesía; percibía la falta de aprecio de una sección amplia de la crítica granadina y andaluza de sus anteriores poemarios, a pesar de que no fue la misma receptividad la que tuvo el público lector, toda vez que estamos hablando de que los tres libros anteriores *(Sonetos del alba, Desde un mar de silencio* y *Canciones de la tarde)* estaban agotados. Ya abordamos esta realidad en un trabajo previo:

> quienes ejercían en aquella época la tarea crítica en Granada parece que no se sintieron inclinados a darle ni una oportunidad, ni un mínimo espacio de reconocimiento a fin de abrirle puertas de visibilidad. Esos mismos popes, conste, fueron los que, cuando Elena Martín Vivaldi, la poeta granadina más relevante de aquel periodo, publicaba algo decían eso de «Bah, las cosicas de Elena». Con el diminutivo despectivo continuamente en la boca. Seguramente atendiendo al poco eco crítico de su obra lírica, Mariluz Escribano deja de publicar en verso y vuelve la mirada a la prosa poética para centrar el foco en el tema esencial que, perennemente, había buscado el modo de tratar: la recuperación de la memoria. De esta manera, *Sopas de ajo* (2001) y *Memoria de azúcar* (2002), en donde rememora su infancia y reconstruye la Granada de aquel tiempo cuyas heridas aún no se han cerrado, la integraron tangencialmente en el Parnasuelo granadí de entonces. Una autora de memorias no resultaba tan fastidiosa en cuanto a rivalidades. Esa tranquilidad de vivir ajenada de la sociedad literaria *granatensis* en una suerte de «exilio in-

> terior» (como expone José Sarria) fortalece sus escritos porque le permite ser libre y escribir serenamente, como ella dijera, «desde las ventanas de mi casa que dan al jardín». Así construye una poética totalmente distinta y distante de lo que se hacía en ese momento, que tiene como ejes axiales la mentada recuperación de la memoria, el compromiso ético-humanista y la reivindicación del yo femenino, que en su obra no es un ser pasivo. Aquí pasamos de la *donna angelicata stilnovista* a una mujer que siente y sufre el amor (en especial se centra en el desamor) desde la conciencia de ser imperfecta, de ser apasionadamente humana (2021, 20-21).

Esa percepción de su poética ya está muy bien definida en *Umbrales de otoño,* publicada por Hiperión en 2013. El poemario vino a provocar una revolución en los mentideros literarios andaluces, más aún cuando le otorgan el Premio Andalucía de la Crítica[75] y se convierte en la primera mujer granadina en conseguirlo. Surge entonces la pregunta: ¿quién es esta señora de setenta y ocho años que ha obtenido el mismo galardón que antes obtuvieran María Victoria Atencia, Pablo García Baena, Luis García Montero o Ángel García López, entre otros? De la sorpresa se pasó a la irritación y de la irritación al intento de manifiesto público de ciertos poetas municipales, incapaces de concebir cómo era posible que una «autora semidesconocida» hubiera logrado el prestigio que ellos llevaban pretendiendo desde hacía tantos años...

Les hubiera bastado para comprenderlo con leer el libro, pero hubo quien prefirió convertirlo en un *casus belli,* porque lo entendió como el germen de la disolución de las conservadas (y conservadoras) estructuras patriarcales, como un ata-

[75] Debe quedar constancia de quiénes fueron los miembros del jurado, compuesto en esa edición, tal y como consta en el *Libro de actas,* por Francisco Morales Lomas (presidente), Manuel Gahete (secretario), Antonio Hernández, Rosa Díaz, José Sarria, Paloma Fernández Gomá, Carlos Clementson, Rafael de Cózar, José Cabrera Martos y Manuel Urbano.

que a la línea de flotación de los que controlaban el «capital cultural» y habían ido delimitando quién poseía esa «nobleza cultural» necesaria de la que hablaba Pierre Bourdieu (1998, 23 y ss.). Por lo tanto, consideraron que había que aplastar cualquier disidencia. A pesar de que el intento de manifiesto fracasa rotundamente[76], la intensidad con la que se promocionó en toda la geografía nacional no hizo sino llamar más la atención sobre el propio volumen y sobre su autora; es decir, que se les volvió en contra. *Umbrales de otoño,* escrito como decimos casi treinta años antes (y algunos poemas, más de esas tres décadas) es un poemario rotundo que se reescribe desde el silencio y el aislamiento y en el que ya se ve el claro compromiso ético con la historia verdadera —y no contada por sus protagonistas— de la Guerra Civil[77]. Es decir, que aquí sí aborda su propia historia y las consecuencias padecidas, parangonables a las de cientos de miles de familias. Es la última voz de los vencidos y ella es consciente:

> [...] en mi poesía la historia tiene mucha importancia. La historia vivida y la historia perdida, el sufrimiento de las muertes sin sentido de aquella guerra, la represión y la lucha contra esa represión que dejó tanto sufrimiento, los fantasmas de un pasado que no debe olvidarse para que no

[76] Se quedó en dieciséis firmas de poetas granadinos, un par de sevillanos y algunos docentes amigos suyos; ante la ausencia de apoyos relevantes, el «manifiesto» fue publicado en la sección «Cartas al director» de *Ideal* bajando también el tono de agresividad patriarcal contra Escribano y centrándola en la Secretaría General de la Asociación de la Crítica, que no había estado en el jurado, lo que les demostró el argumentario.

[77] Tengo la misma percepción que Scarano a propósito de que es primordial «reconocer como veta esencial de su obra la "conciencia crítica". No es una mirada aséptica de la historia pasada; es una visión coherente con una conducta de denuncia y rebeldía genuina. Su labor ensayística, docente, periodística, la avalan como una persona consciente de sus responsabilidades cívicas y de la necesidad de reclamar justicia, desde un presente que no debe olvidar los abusos del pasado. Aun así, nunca cae en el mesianismo o en la postura de la víctima [...]» (Scarano, 2020, 110).

se repita. Seguramente soy una poeta atípica, lo mismo que soy una mujer atípica, pero eso, a estas alturas, ya no lo puedo cambiar. Ni tampoco quiero (2017, 455).

Mariluz Escribano habitaba ya en ese tiempo dentro de un espacio de soledad buscada en lo literario, lo que la mantiene totalmente ajena a estéticas y corrientes literarias[78]. Escribía desde la emoción entroncada con sus lecturas (Antonio Machado, Juan Ramón Jiménez, Federico García Lorca, Miguel Hernández, Andrés Fernández de Andrada —y su *Epístola moral a Fabio,* tan presente en su cotidianeidad—, Quevedo o Garcilaso) y, transcurridas estas tres décadas, se limita a revisar si continúa respondiendo a lo que buscaba decir y a esa afirmación umbraliana que para ella resulta primordial: «la literatura es la distancia definitiva que perpetuamos entre nosotros y las cosas» (1975, 82); pero, en su caso, como forma de reafirmación y de paciente perseverancia ante el paso del tiempo y el olvido que se cernía sobre ellos. Una vez repasado, autoriza a la responsable del estudio preliminar[79] (sin esperanza y con convencimiento, que diría Ángel González) a presentarlo a la prestigiosa editorial Hiperión. Dos meses después, Jesús Munárriz muestra su interés en publicarlo y, en febrero de 2013, sale de imprenta y se distribuye ampliamente como es lo lógico con las grandes editoriales españolas. Esto, claro, ayuda mucho también a la difusión de la poética escribaniana; se divide en dos epígrafes: «Umbrales de otoño» y «El humo remansado» sobre los que afirmamos en el estudio preliminar:

---

[78] A propósito de *Umbrales de otoño* lo explica: «es necesario tener una visión personal del mundo y una manera personal de expresarlo. Yo busco mi propia voz con el mismo talante de independencia que caracteriza toda mi trayectoria literaria» (Mariluz Escribano, «El otoño según Mariluz Escribano», Reportaje de Gonzalo Cappa, *Granada Hoy,* 12/11, 2013, pág. 51).

[79] Que es quien suscribe este estudio también.

> En la primera parte, que da título a la obra, acude Mariluz Escribano a la amistad y la infancia que resultan temas recurrentes en su trayectoria indeleblemente marcada por la ausencia del padre, fusilado en la Guerra Civil; y, en la segunda, denominada «El humo remansado», el indudable protagonista es el amor como motor de la vida, como principio y fin de la existencia. El análisis del sentimiento amoroso —y ahí está una de las originalidades de esta autora— se hace desde el conocimiento profundo y sereno del propio ser y del 'otro' que permite analizar con rigurosidad el qué y el cómo (e incluso el porqué). Y, en ambas, la palabra machadiana en el tiempo [...] (Sánchez García, en Escribano Pueo, 2013, 20).

En «Umbrales de otoño» focaliza su atención en la reconstrucción de la memoria colectiva en torno a la Guerra Civil[80] centrándose en la figura paterna y en la materna desde la voluntad previa expresada en el poema «Noche»: («me pregunto si es tarde / para empezar mañana / a recordar las fechas / de antiguos calendarios»). En torno al padre, Agustín Escribano, dos son los poemas centrados en su figura, pero tienen tal fortaleza, tal potencia emocional que casi se beben el resto del poemario a pesar de la relevancia de otras composiciones. Se trata de «1936», en el que recrea cómo imagina su final: «Tus ojos, ya estrellados y dormidos, / olvidaron las últimas / heridas de la pólvora en el aire» (2013, 46); y el que es ya su poema más emblemático, «Los ojos de mi padre», donde recrea una imposible infancia guiada por su figura: «Los ojos de mi padre, / los ojos de mi padre, / mirándome en la patria cereal de los trigos, / en un tiempo de cunas / mecidas por el viento de la guerra, / mirando cómo crezco» (2013, 47). Y más adelante: «Las manos de mi padre / tocan mi cuerpo y

---

[80] Véase C. Rentería Garita, «Recuerdos de violencia durante la Guerra Civil en tres poetas españolas (Ángela Figuera Aymerich, Gloria Fuertes y Mariluz Escribano)», en R. Sánchez García y Gahete Jurado (coords.), *La palabra silenciada. Voces de mujer en la poesía española contemporánea (1950-2015)*, Valencia, Tirant Lo Blanch, 2017, págs. 167-177.

cantan, / y yo sé que me acunan / con nanas de caballos» *(ídem)*. Y finaliza con dos versos ya emblemáticos que representan su modo de afrontarlo: «Todo el mundo conoce / que heredé de mi padre una bandera» (2013, 48). Evidentemente se refiere aquí a la bandera de la honestidad y el compromiso ético con los más desfavorecidos, con los derrotados —que siempre son los mismos— de la sociedad. Ese fue, según ella comentaba en 2016, «el poema que mejor representa el amor infinito y la necesidad que he tenido de mi padre» (Enrique, 2016, 88). Algo más adelante lo explica con detalle:

> Su ausencia me pesa como una losa aún hoy y en su homenaje quise escribir un poema que resumiese mi sentimiento de enlace con él. Porque siempre lo he sentido cerca, en las cosas pequeñas de mi vida, en mis visitas a su pueblo burgalés de Pedrosa del Príncipe, incluso en mis momentos de soledad. Y siempre he querido preservar y defender su memoria, honrarlo con mi manera de vivir y de ser. De estar en el mundo. Es un poema que siempre me ha rondado la cabeza y que escribí, como todos los míos: de un tirón. No sé escribir de otra manera. Escribo a golpes de sentimiento. Es un poema que se hizo solo, casi mágicamente y que retrata exactamente la figura de mi padre, Agustín Escribano, lo que significa para mí (Escribano, en Enrique, 2016, 88-89).

Otros dos están dedicados a Luisa Pueo, entroncando con el ideario ya adelantado en *Desde un mar de silencio;* el primero, «Como una luz extraña» en el que escribe «mi madre trabajaba entre papeles, / libros, lapiceros y bordados», para finalizar «Los trabajos del día terminados. / Ahora a esperar al sol / dentro del sueño» (2013, 37). Y, el segundo, muy en la línea del primero, «Ha venido el otoño», ambientado en la Huerta de San Vicente, también de corte descriptivo y con una enumeración de remembranzas de infancia muy significativa: «Ha venido el otoño, ¿lo recuerdas? / Madre, ¿te acuerdas del otoño?: / últimas rosas de la Huerta, / los álamos dorados, aquel prado, / la lluvia en la ventana, los silencios / aislándonos del mundo y sus quehaceres, [...]» (2013, 38). Ambos debieron de escribirse en la misma época que la elegía, entre 1987 y 1988, y son desviaciones temáticas, en mi opinión, del primigenio.

Los otros doce tienen como epicentro esa infancia (que en Escribano es una patria), la amistad como forma de respeto y esa invariable soledad que la acompaña[81]. Quiero subrayar su percepción de esa infancia que concibe como un momento ambivalente entre la protección materna y la perspectiva que le da la comprensión madura de aquella realidad que pretendían hacerle menos dura los adultos. No obstante, ella la convierte en el cimiento de su obra literaria (narrativa y poética): «Escribo desde un tiempo / labrado en lo remoto» (2013, 52). Se trata de una etapa vital que, como explica en «Septiembre», siempre se encuentra de fondo, «con un rastro lejano de tranvías / circulando por calles y por plazas, / jardines de pobreza / de una ciudad con nombre de granada» (2013, 41). Vuelve por eso a recordar sus estancias en la Huerta de San Vicente, perenemente con Federico en el recuerdo: «En la luna buscábamos sus huellas, / en el piano la flor de sus canciones, / en los búcaros las hojas del otoño, / esa luz desvaída que reside en el sueño» («En la Huerta de San Vicente», 2013, 53). Para Mariluz, la Huerta era un lugar que tiene mucho de mágico, de espacio de suave paz y de jardín secreto, como muestra en «Ha venido el otoño», ya citado anteriormente: «últimas rosas de la Huerta, / los álamos dorados, aquel prado, / la lluvia en la ventana, los silencios / aislándonos del mundo y sus quehaceres» (2013, 38). La lluvia en la obra de Escribano, como afirmara Borges, siempre sucede en el pasado.

Esa etapa libre de preocupaciones que es la primera edad, en plenitud de asombro e inocencia purísima ante el descubrimiento del mundo y en la que se forja la persona-

---

[81] Cfr. F. Morales Lomas, «*Umbrales de otoño* de Mariluz Escribano», 2018, págs. 206-208.

lidad, está sublimada y, tal vez por esa razón, a pesar de los mil aprietos por los que pasaron, la defiende; primero en «Canción para un niño con sueño»: «Pequeño niño, dulce asombro, / palabra, / estancia y primavera y abril en tu sonrisa. / Duermes y encierra el mundo / en un fanal el cielo, / y ríes, si despierto, juega el sol en tu párpado» (2013, 42); y acaba definiendo lo que para ella significa un niño: «Niño, palabra inerme, / indefenso vocablo y una risa / que hace brotar el agua de las fuentes», más adelante con «Niño de ojos dormidos»: «Niño de ojos dormidos, / en tu sonrisa el mar y sus mareas» (2013, 55).

Tal y como afirmara con acierto José Antonio Sáez a propósito de esta obra,

> Toda vida es una continua pérdida: vivir significa dejar atrás las personas y las cosas que amamos. Corremos, avanzamos al encuentro de lo inesperado, de lo nuevo, de lo que está por venir, pero ya no podremos ser nunca los mismos. Durante el resto de la vida nos acompaña un sentimiento de orfandad inevitable e irresoluble. Somos los despojados de su riqueza interior, de sus emociones y afectos. Pierden los árboles su vestidura de hojas y quedan las ramas al descubierto, desnudas y expuestas al viento. Así la intimidad que se muestra al exterior y se somete a los ojos y al juicio de nuestros semejantes. Un verso también puede ser una lágrima y, a veces, hasta el llanto de un río subterráneo. Mostramos nuestras llagas como quien muestras las medallas que le caben en la guerrera, por si alguien se solidariza con nosotros y nos abraza con idéntico dolor. Vivir es dolerse en uno mismo y en los afectos de quienes nos han querido o a quienes hemos amado (Sáez, 2013, sin pág.).

En lo referido a poemas dedicados a amigos hay tres: uno para Luis García Montero[82], otro para Elena Martín

---

[82] «Descansa el pie bajo el laurel antiguo, / detente ante las rosas invernales, / recupera una infancia de arboledas, / antes de entrar al templo de los dioses» (*Umbrales de otoño,* 2013, 39).

Vivaldi, con el título cómplice, «Elenísimamente», donde aborda sus temas primordiales (la lluvia, los pájaros y la soledad), condensados en tres versos: «Huele a lluvia y cristal / y pájaros anuncian / tu soledad en las ramas» (2013, 51). El tercero es para Eduardo Carretero[83], el reconocido escultor de origen granadino afincado en Chinchón, que sobrevivió a un campo de concentración tras haber huido de España a Francia en 1939. Se titula «Buenas tardes» y «viene a darle / darnos noticias de lo que es Granada: "Aquí no pasa nada, solo el tiempo. / Han venido las nubes y la lluvia / y el verano se muere por momentos"» (2013, 44) y vinculándolo nuevamente con su infancia: «Te abrazo desde ayer, desde mi infancia / y te envío un saludo por la brisa» *(ídem).* Finalmente, la soledad aceptada resignadamente, valorada desde la introspección y, en ocasiones, incluso buscada porque, en el vacío del silencio, ha acabado por comprender y comprenderse a sí misma es otro de los fundamentos de esta primera parte. Así lo muestra en «Palabras», donde afirma rotundamente: «Igual que las palabras envejecen, / la soledad nos pisa los talones» (2013, 40). En escasas ocasiones, si exceptuamos, «Invitación para Valeria», el tono sugiere una mínima esperanza, «Vuelve, regresa aquí, tráeme en las manos / la marea del agua / hasta mi soledad y tus silencios / con música de vals o de paloma» (2013, 45); pero no, es una esperanza vana que dura acaso un instante; por eso, porque se diluye con rapidez el anhelo inalcanzable, puede permitirse cerrar con la contundencia final que conlleva «La ciudad nocturna», donde refleja cómo la urbe, que es la personificación de cada uno de sus moradores, se va muriendo un poco cada día: «Pero no hay nada, nada / que recuerde que la ciudad está viva» (2013, 50).

---

[83] Estaba casado con Isabel Roldán García, la prima de García Lorca, y tuvo una fraternal relación con Mariluz durante más de cincuenta años.

Esto viene a enlazarse con «El humo remansado», que organizado mayoritariamente en poemas de doce versos (Cabrera Martos, 2020, 167 aclara que doce poemas mantienen esta premisa), está centrado en la remembranza de un amor que se inserta en el ayer y que traza un camino de nostalgia de lo que pudo ser y no fue, conectando con la «Canción primera» de *Canciones de la tarde*. Es la llegada del otoño (nótese su plurisignificatividad simbólica), con las hojas que caen, la lluvia, la tarde, las calles del primer frío, el contexto donde se ambienta el impulso amoroso:

> Yo me encontré el amor una tarde de lluvia
> cuando las nubes lentas parecían perdidas,
> cuando morirse, acaso, no tenía importancia
> y era triste, tan triste
> sentarse en la penumbra.
>
> (2013, 61)

Todo el recorrido del enamoramiento (de la atracción primigenia a la decepción postrera) se sintetiza en estos 22 poemas que se inauguran con «A sal saben mis labios», donde aporta los rasgos que caracterizan al amado, siempre impreciso intencionalmente[84], en alejandrinos y heptasílabos que mantienen un ritmo versal uniforme: «Tu nombre sabe a infancia primitiva y sencilla, / como a fruta madura o sangre derramada, / a desnuda intemperie de la acacia en otoño / a madera o a miel, / a flor que está naciendo» (2013, 59); se engarza con el siguiente, «A veces digo agua», donde incide «lluvia, trigo, velero, tres anchas geografías, / esencias que definen íntegros tus perfiles» (2013, 60). Un perceptible erotismo vemos en el alejandrino final de «Entera está mi vida»: «cúbreme con tu lluvia para que así florez-

[84] Jamás hallamos un nombre identificable o un dato que permita establecer mayores conexiones.

ca» (2013, 69); o bien en el que precede, «Tus manos son dos fuentes», donde se muestra con mayor precisión:

Tus manos son dos fuentes de gestos y caricias,
buscan la mansedumbre dormida de mi cuerpo,
sueñan en la tibieza de mis cumbres más altas,
tienen la plenitud alegre del encuentro.

(2013, 68)

Pero todo tiene un final y, desde la aflicción que envuelve cualquier ruptura y la consiguiente ausencia, aún le quedan fuerzas, aferrada al cuidadoso sigilo de la noche, para una dulce despedida con «Vivirás en mi verso»; la de quien sabe que emprende otra etapa irremisiblemente y muy a su pesar, que los condicionantes obligan al alejamiento («Mi mano está escribiendo el color del recuerdo», 2013, 76). No obstante, no hay un adiós absoluto porque de nuevo la memoria lo rescatará, aunque desde otra perspectiva: asociado a lo literario; no nos olvidemos: «vivirás en mi verso»...

Sobreponerse a una decepción, por otro lado esperable, en su situación (lo aclara cuando dice: «desde aquel mirador cubierto por la yedra, / abierto a la esperanza de otros mundos distintos», 2013) debió de resultar muy complicado emocionalmente y por eso este amor sigue omnipresente en el resto de las obras poemáticas de una u otra forma. Está claro que el mundo en los setenta tenía unos patrones bien definidos y no quedaba otra opción que aceptar el insondable y riguroso infortunio, asumir la finitud de una relación, pero no de un amor persistente e irrepetible, fuente de inspiración idealizada, una vez perdida su corporeidad, que revierte en la elaboración literaria[85] de su perso-

---

[85] De nuevo coincido con Sarria en que «Escribano asume el paso del tiempo (referente imprescindible para entender la poesía de Mariluz) y lo utiliza como mecanismo creador, recorre los límites del pasado y confor-

nalidad, generalmente triste —literariamente triste, siendo más precisos— para el esclarecimiento del inconsciente colectivo de una época. Eso sí: pasando del *animus* al *anima* que puede ser válido *mutatis mutandis* en cualquier otro momento histórico. Recuérdese el soneto de Lope de Vega: «Quien lo probó lo sabe».

La voz de la memoria de una poeta-isla (2015-2019)

El impulso literario de Mariluz Escribano y la proyección de su obra se inauguran en el ámbito nacional con *Umbrales de otoño*. Ahí principia su segunda etapa, partiendo de su condición de poeta-isla que sabe muy claramente lo que quiere dejar dicho, como una suerte de testamento vital, antes de irse[86]. Y afirmo que Mariluz es una poeta-isla porque ella misma lo quiso así. Acabó por entender que la literatura era un oficio que obligaba a la introspección emocional alejada del trabajo de los demás. Cada cual, a su labor esforzada y autónoma, desde el mutuo respeto. Además, ella no buscaba una vía de fondo o forma para expresarse. Tenía muy bien planteado lo que quería transmitir a sus lectores y cómo, casi intuitivamente, desde sus comienzos. Por tanto, poco tenía que ver con las escrituras ajenas

---

ma un altar en forma de poemario construido con la sutil delicadeza de quien ha superado toda una existencia: conjunto de pasiones y afanes, asuntos domésticos, deseos y desencuentros, para acabar arribando, al fin, a ese tiempo remansado de paz y de memoria, tiempo de contemplación del pasado con los ojos repletos de quietud por quien ha alcanzado las terrazas del sosiego y cuya aspiración es marcharse una vez conciliadas todas las tempestades» (Sarria, en Escribano, 2021, 83).

[86] «Siempre he tenido el propósito de ser clara y diáfana en lo que escribo para llegar a un público más amplio, que el público entienda lo que digo, pues hay poetas a los que no hay forma de entender» (Arenas, 2016, 53).

que, evidentemente, ella siempre respetó y en muchos casos admiró. Pero lo suyo era otra cosa: indagar en su memoria para referir lo que no debe olvidarse, dejar patente un compromiso social explícito con el pasado de horror, pero también con el presente de palmaria imperturbabilidad ante el sufrimiento ajeno. Ella, que había vivido una guerra y una dictadura posterior, le costaba entender el individualismo, la ausencia de empatía y algunos acontecimientos que ya se vislumbraban entonces (radicalismos ideológicos, desidia o indiferencia cada vez más generalizada). Más aún, le indignaba que se ocultasen detrás de eufemismos la catástrofe de 1936, el franquismo y sus herencias materiales y de pensamiento. Tanto en su obra como en su biografía se posiciona palmariamente con los olvidados, los vencidos, los nadie; y, a la par, busca enseñarnos a ver en este siglo XXI, donde ver y mirar se confunden entre prisas, negligencias y ausencia de solidaridad[87]. A tal fin —y por si no hubiera quedado meridianamente claro en las anteriores— dedica sus dos últimas obras, escritas en su mayor parte entre 2014 y 2017[88]. Mariluz, cuando publica *Umbrales de otoño,* deja de escribir desde el pasado. Sobre esta cuestión coincido con Sarria en que existe «un tránsito de una poesía de la nostalgia a una poesía de la memoria civil en la que ahondará en los siguientes poemarios» (Sarria, en Escribano, 2021, 76-77).

Ahora describe el pasado (que es cosa diferente) desde el presente con la intención firme de colaborar en la cimentación de un futuro más solidario[89] y menos materialista des-

---

[87] También Morales Lomas ha apuntado que «el discurso poético de Mariluz Escribano Pueo se encuentra siempre ensimismado en tres constructos generales: la memoria personal intimista y sentimental, la memoria social y la memoria solidaria» (Morales Lomas, en Escribano, 2021, 94).

[88] Hay, empero, algunos poemas escritos con anterioridad que, aunque reelaborados, se indicará su origen.

[89] También es de Sarria la apreciación de que «Escribano ha sido capaz de erigir una poesía en la frontera del recuerdo, una lírica que no expresa

de una voz recia, incandescente y, tan de verdad, que a veces, duele.

a) *El corazón de la gacela* (2015)

Durante 2013 y 2014 Mariluz recobra el afán por la escritura y se dedica a trabajar intensamente en el que ella pensaba que sería su último poemario que decidió titular desde un principio *El corazón de la gacela*[90]. Se trataba de sumar a poemas escritos (algunos en borrador) otros nuevos, tales como «Escribiré una carta para cinco» o «Si me olvido del mar», por ejemplo. Lo publica en septiembre de 2015 la nueva y prestigiada editorial Valparaíso, a continuación de sendos poemarios de Luis García Montero y Raquel Lanseros. Si el compromiso sociohistórico ya estaba muy claro en *Umbrales de otoño,* aquí funciona como eje primordial de las cinco secciones que lo componen. Morales Lomas considera que:

> Ya desde el título, *El corazón de la gacela* (2015), existen dos símbolos que manifiestan la voluntad del yo poético: el corazón como lugar de encuentro con lo más profundo e íntimo del ser que siente profundamente la vida y la gacela como palabra-guía asociada entre los budistas a la representación de la sabiduría y el ascetismo; a la belleza vi-

---

la realidad, sino que participa de ella para captar todo lo que existe más allá del simulacro, tal y como nos enseñó Pedro Salinas, expresando su escepticismo frente a la realidad que se dogmatiza con nombres y denominaciones generalmente indubitadas, ante los cuales reclama la restitución de la verdad acallada durante décadas, pero no desde el desquite o la venganza, sino desde una calmada paz que transita a lo largo de toda su obra» (Sarria, en Escribano, 2021, 77). Véanse igualmente sus apreciaciones de 2013 y 2016.

[90] Los títulos definitivos, salvo en este caso, la autora los decidía una vez concluida la obra. Partía con uno provisional siempre, exceptuando esta ocasión.

sual o a la vía contemplativa en la cultura semita; y, en otros casos, a la víctima perseguida por las fieras o la muerte. De todos estos sentidos participa esta gacela de Mariluz Escribano, ora temblorosa, ora desolada, ora pensativa, ora en la incertidumbre vital o en el jardín contemplando el pálido invierno o todo tipo de sensaciones asociadas a las estaciones [...] (Morales Lomas, 2021, 95).

Sin duda, estamos ante un recorrido biográfico[91] que se entrelaza con las circunstancias habituales de su generación: las consecuencias de la Guerra Civil («El temblor de la gacela»), su lugar como mujer en un mundo dominado por los varones («La gacela desolada»), la etapa meditativa que sirve de punto de inflexión en su vida («La gacela en el jardín»), los años de fragilidad de su salud y la inquietud por las dificultades de un destino muy complejo («La incertidumbre de la gacela»); y, finalmente, sus preocupaciones y su responsabilidad permanente con la justicia social («La gacela pensativa») que cierra con otro de sus poemas más conocidos, «Escribiré una carta para cinco», una revisión vivencial dirigida a sus hijos haciéndoles ver el papel fundamental que han ocupado en su vida. Antes de esta estructura en cinco secciones, tenemos un «Proemio» con un único poema, «El tiempo», a modo de manifiesto de lo que busca aportar y que resulta trascendental para entender la pretensión de Escribano:

Ahora que el tiempo ha dejado su huella,
sus pequeñas heridas
en el hueco del rostro,
ahora que todo pasa
por un espejo cóncavo

[91] De hecho, ella misma declara en una entrevista: «mi poesía es un camino de vida que se va haciendo conforme avanzo» (Brígida Gallego Coín, «Mariluz Escribano. La poesía como fotografía de una vida», *Granada Hoy,* 17 de mayo de 2016, pág. 57).

y da miedo asomarse
a los escaparates
con su luz de neón
y las bellas ofertas
no hay nadie que me quite,
una infancia de calcetines blancos,
zapatos de charol
y una mirada clara.
Después de tantas lluvias
y atardeceres lentos,
ahora es tiempo de paz,
de paz y de memoria.

(2015, 9)

Los cuatro últimos versos tienen un categórico valor simbólico. Mariluz habla desde su «yo», efectivamente, pero la conexión con toda su generación, la de los niños y niñas que sufrieron una lucha fratricida y sus consecuencias, están expresadas de forma muy elocuente. En «El temblor de la gacela» esta emoción latente se observa en «No comí pan de padre», «1936», «12 de septiembre de 1936», «El destierro (I)», «El destierro II», «Desconsuelo de amor» y «Las manzanas de la Huerta»; de los once poemas, siete se agrupan, estableciendo una estructura circular de interconexión. Pero es que los otros cuatro, «La casa sosegada», «El anciano», «El abuelo» y «La casa», son fruto directo de los anteriores, pues se ambientan en Pedrosa del Príncipe y en la figura de su abuelo y del hogar ancestral donde el frío de la ausencia también ha llegado: «Más allá la penumbra, / la casa sosegada, / esa que solo habitan / mi corazón y el viento» (2015, 20); no estamos ante un espacio alegre, sino ante una casa fría y silente («A los pies, del silencio / en la oración perpetua de la roca, / una casa adumbrada / me mira con tristeza / desde la sobriedad alegre / de espigas a lo lejos», 2015, 25), cargada de recuerdos de sus ascendientes, un lugar donde «los sueños esperan en vigilia» *(ídem).*

Es decir, no se ha cerrado la puerta a lo posible venidero aún, pero la desolación de aquel presente es muy evidente por sus claves léxicas: 'soledad', 'tristeza', 'olvido', 'ignominia', 'turbios', 'miedo', 'triste', 'muerte'/'muertos', 'noche', 'penumbra', 'ausencia', 'nostalgia', 'cementerio', el permanente 'silencio', 'amargo', 'oscuros', 'ennegrece' y 'oscurece'. Aquí las nubes son negras, el asombro es glacial, la memoria se desvanece, la juventud no volverá de la guerra y todos los trenes conducen al destierro. Pero no hay pretensión de venganza, solo de memoria, memoria, memoria. Y aprendizaje. Como cuando escribe en «No comí pan de padre»:

> No comí pan de padre
> a causa de la guerra,
> no crecí con sus ojos
> bajo una luna alegre.
> [...]
> No comí pan de padre,
> pero sus manos siempre,
> en un libro enlazadas,
> me enseñaron despacio
> a descifrar las nubes,
> antes, incluso,
> de regalarme un beso.
> Ahora sé que mi padre
> edificó mi estampa,
> despacito en las noches
> en que crecen las lunas.

(2015, 13-14)

Esa evocación de la pérdida conlleva el sacrificio feroz, aunque obligado, de aludir a los momentos que son la esencia del dolor que ha guardado tras la máscara de inquebrantable tristeza toda su vida: el instante exacto del fusilamiento, imaginado y poetizado con toda su amarga dureza en «1936», del que reproducimos este fragmento:

Tus ojos, ya estrellados y dormidos,
próximos a la hierba,
olvidaron las últimas
heridas de la pólvora en el aire[92].

(2015, 15)

Y, por si no hubiera quedado la idea bien despejada, incide en el siguiente, titulado con la fecha exacta en la que tuvo lugar lo que la hoja de defunción denomina eufemísticamente como «muerte por heridas de guerra». Nos referimos a «12 de septiembre de 1936»:

No hay árbol que cobije la ignominia
de una muerte con fierros y fusiles,
con descargas de balas asesinas
y un 12 de septiembre ya en la historia.

(2015, 16)

Aquí no se encontrarán juegos retóricos; nada, claridad absoluta, significación potenciada de cada vocablo, trasparentando su aflicción que busca encontrar la empatía en el lector para que no se omita de los manuales, escondido en un marasmo de cifras, lo que es asesinar a un ser humano. ¿Y las implicaciones más allá de descerrajarle al profesor Agustín Escribano dos tiros a bocajarro? La poeta no se centra solo en ella, piensa en su madre como reflejo de cualquier otra, según observamos en «El destierro (II)» con cuyos versos iniciales y finales nos quedamos, por esa ternura que reflejan y por esa ambición, una vez más, de llamar a no reproducir la catástrofe:

---

92 La metáfora pura final es de una nitidez durísima: «cuando mármol tu sangre / ya cereza en tu boca» (2015, 15).

Si pudiera destejer tu sonrisa,
si pudiera encontrarla entre la gente
que rodea mi vida,
entonces, cuando todo
estuviera ordenado,
volvería a pensarte.

Ayer fue un tiempo ido,
un asombro glacial y perdurable,
una tristeza afín a la nostalgia,
el pasado que daña el corazón.

Y, sin embargo, estuviste muy cerca.
[...]
Cuando el destierro era cuestión de horas,
yo no sé dónde estaba tu sonrisa,
quizá escondida entre los muertos
que quedaban atrás en la colina roja.

Memoria, una vez más memoria,
mientras el tren corría
hacia Tierra de Campos,
la patria de la espiga y de mi padre,
desterradas, al fin, en el destierro.

(2015, 18-19)

De esa infancia marcada, pasa a la segunda fase, su madurez primera, en «La gacela desolada»; aquí será el destino, el *fatum,* el que venga a marcarla: «Mayor castigo: / andar por los senderos / que la vida nos traza» (2015, 29), principia. Y regresa al amor («Mañana») y consecuente desamor que acerca al abismo de la depresión («Sueño de una hora») de la que intenta salir sin éxito («Arriba, libre»), pero que solo encuentra alivio en la remembranza de la inocencia infantil, cuando nada sabía y eran todo juegos, resguardada por su madre (dice en «Deshojadme violetas»: «Devolvedme / la infancia que he perdido / porque quiero marcharme», 2015, 35). ¿Adónde quiere marcharse? Al mismo lugar que Lorca cuando traza «La gacela de la muerte oscura»: «Quiero dormir el sueño de las manzanas / alejarme del tumulto de los cementerios. / Quiero dormir el sueño de aquel niño / que quería cortarse el corazón en alta mar»[93]. La etapa tercera, con solo cuatro poemas, «Pálido invierno», «Les Adieux», «Limonero lunar» y «Mayo» abordan una cavilación inmersa en la naturaleza, en el jardín cerrado, oloroso y frutal, al estilo del de Soto de Rojas, que acaba por conducirla, de nuevo, al padre, nacido en abril de 1892:

Tengo un dolor punzante
porque abril se ha marchado,
y ha dejado su huella
de color y perfume.
Abril y las estrellas
que atraviesan los cielos
y que tienen los nombres
de unos hombres alegres.
Cada estrella, un recuerdo,
un desconsuelo triste.
De mi padre conservo
un brillo planetario.
Y así voy por la vida,
rememorando abriles
con noches de planetas,
y esa paz infinita
de la flor y la fruta.

(2015, 41)

---

[93] En su caso, el mar se transpone en jardín: «Deshojadme violetas en los ojos / para que yo no vea la tristeza del viento / que intenta ser paloma en los jardines / devanando los arces. / Vestidme de mastranzo y de cipreses / para que sea jardín el aire / y el ocaso se cubra de jazmines / aromando la tarde. / [...]» (Escribano, 2015, 35).

Pero la sombra de la fatalidad de nuevo la alcanza en forma de enfermedad incurable[94] que penetra en la raíz de «La incertidumbre de la gacela», desde la presentación con «Se llama Paula»[95]: «Se llama Paula... / olvidé el apellido, / pero tiene mis ojos / y esta mala costumbre / de amanecer con tristeza», 2015, 45-46), que progresa con «Vivo en el tercer piso» («Vivo en el tercer piso / de una desolada tristeza. / La turba de vencejos / pone luto en los cielos / como un negro presagio / de mis piernas dormidas», 2015, 50), escrito en uno de sus periodos en el hospital, lo mismo que «Clínica Inmaculada»; pero no se rinde[96], nunca se deja vencer y su abrigo es la memoria y la infancia. A propósito de los recuerdos y de la aprensión por el alzhéimer o la demencia, antes reflejado en «El anciano» y «El abuelo»[97], subyace en otros dos poemas, «Salobreña» y, particularmente, en «Si me olvido del mar», donde la conclusión es otra vez el retorno al inicio que es la niñez:

Si algún día me olvido del mar
y del nombre marengo de las gentes,
y no veo navegar a los veleros
ni percibo la brisa y sus colores,
el sol brillante de los rebalajes
azuleando piedras, caracolas
y arenas amarillas.

---

[94] En 2010 se le diagnosticó una mielitis trasversa que fue progresivamente mermándole la movilidad hasta dejarla postrada definitivamente en una silla de ruedas desde 2011; falleció a consecuencia de esta cuando el 20 de julio de 2019 acabó por afectar a órganos vitales.

[95] Se refiere a sí misma. En su inscripción del Registro Civil figura su nombre completo: María Luz Paula Genoveva Escribano Pueo.

[96] En «Clínica Inmaculada» hay una de las pocas —tal vez la única— mención a un Dios: «Los hospitales guardan un dolor contenido, / esa nívea esperanza de que un Dios nos acuna» (*El corazón de la gacela,* 2015, 52).

[97] En *Canciones de la tarde* es la base de «Canción para Dolores». También en alguno de sus cuentos recopilados en *Los caballos ciegos* (2008). Por fortuna, no lo padeció y mantuvo su lucidez hasta el último momento.

Si algún día confundo
un lago con el mar,
y no escucho el sonido de las olas,
será que habré perdido
un amor en mi vida,
una digna manera de morirme,
un inútil olvido
de aquel tiempo feliz
que fue la infancia.

(2015, 53)

Por último, en «La gacela pensativa», plantea sucintamente sus grandes preocupaciones con «Los niños soldado» y «Pido la paz» (lo que comporta una guerra y el papel de los niños en las que se suceden en África y Oriente Medio), «Olvidos de Granada» (reivindicación del patrimonio natural), «Una silla vacía» y «Envejecen las cosas» (sobre el irremisible transcurso del tiempo).

Y desde esta templanza que ha ido adquiriendo con el paso de los años, concibe el que por entonces planteó como su último poema, «Escribiré una carta para cinco»; comporta un condesado repaso vital y una aceptación de la muerte conmovedora por la conformidad con que hace un recorrido por las vicisitudes de su existencia y el sometimiento al final[98]. Pareciera, el modo de las coplas manri-

[98] Es complementaria la certera interpretación de Pérez Azaústre: «no solamente late una misiva a sus cinco hijos, un legado de esperanza desde el convencimiento mineral de existir, sino también una carta dirigida a la propia juventud, como pasado y como plenitud en eterna presencia, a la vida que aborda con todas sus aristas pulidas por años fértiles. Estamos ante una mujer que en el momento de escribir este poema, y desde mucho antes, sabe bien que la vida es desgaste y dolor: la presencia del padre asesinado al comienzo de la Guerra Civil perfila una mirada que se ahonda en todas las palabras silenciadas. Todo lo que su padre no le ha dicho y todo lo que le habría gustado compartir con él, tras una geografía de dignidad y derrota, se acaba consumando en una obra poética y vital donde la docencia ha ocupado una cima ética» (Azaústre, en Escribano, 2021, 147).

queñas, que el hecho de asumir la vida tal cual fue, prepara a la poeta para la propia muerte:

> Cuando surja la luz de primavera,
> y las rosas dibujen sonrisas de colores,
> escribiré una carta para cinco muchachos,
> contándoles lo mucho que gané con la vida.
>
> Escribiré desde una nube blanca,
> con una tinta azul que no la borre el tiempo,
> porque no volveré a pisar las arcillas,
> ni la dura tristeza del asfalto.
>
> (2015, 65)

Obsérvese que el momento final lo sitúa en la primavera, momento de máximo esplendor vegetal (contrasta, por ejemplo, *Umbrales de otoño* o la «Canción postrera» de *Canciones de la tarde)* mostrando una actitud de aceptación de las circunstancias de su vida, vinculadas, en este caso y de manera prioritaria, al afanoso proceso de crianza de los cinco hijos («Mi corazón estuvo / siempre en guardia con ellos»), ahora con los ojos abiertos al mundo, ya adultos e independientes. Como los gorriones cuando vuelan solos y abandonan el nido para sellar su propio destino percibe, desde su rol de madre, que «ya he cumplido mi misión en la tierra». Por eso, con mucha delicadeza se eleva y escribe desde una nube blanca, desde la inmensidad infinita del azul del cielo un mensaje perdurable, universalmente válido. Y con el simbolismo del amarillo se despide: «Escribiré una carta para cinco / cuando la primavera arribe / y me inunde la casa de amarillos» (2015, 66).

En relación con esto, llaman la atención las claves cromáticas: el entorno natural en su momento de plenitud es verde; el cielo, azul con nubes blancas, la casa se inunda de amarillos... Azul, verde y blanco conducen a crear un estado de ánimo en el lector de estoica aceptación de la muerte.

El amarillo se antoja vinculado a un poema que hallamos cuatro páginas antes («Gabo»), escrito con motivo del fallecimiento —en 2014— de Gabriel García Márquez, otro de sus autores predilectos. El prosista de *Cien años de soledad* afirmó en una entrevista recogida por Mendoza que «mientras haya flores amarillas, nada malo puede ocurrirme. Para estar seguro, necesito tener flores amarillas (de preferencia rosas amarillas)» (1982, 182). Mariluz pudo haberlo leído porque parece querer dejar una suerte de aviso[99].

[99] El amarillo no es un color que figure en la poesía de Mariluz Escribano Pueo con frecuencia ni con este sentido. De hecho, en toda la obra aparece únicamente en siete poemas, todos ellos asociados al atardecer o al trigo. Nunca a una flor. La poeta española que otorga un valor esencialista al amarillo es Elena Martín Vivaldi, quien —por ejemplo, dentro de la multitud de poemas posibles donde el amarillo está omnipresente— en su «Amarillos» afirma: «Serena de amarillos tengo el alma. / Yo no lo sé. ¿Serena? / Parece que entre el oro de sus ramas / algo verde me encienda. / Algo verde, impaciente, me socava. / Dios bendiga su brecha. / Por este hueco fértil de mis ansias / un cielo retrasado me desvela. / Ay, mi esperanza, amor, voz que no existe, / tú, mi siempre amarillo. / Hazte un sol de crepúsculos, ardiente: / ponte verde, amarillo». Mariluz conocía bien la obra completa de Elena Martín Vivaldi sobre la cual trabajamos con motivo de su centenario (Escribano y Sánchez García, 2007), pero no estamos ante un guiño cómplice, no tiene esa intencionalidad (recuérdese que a Elena, la inolvidable poeta de la dulce melancolía, la lluvia y la naturaleza otoñal le dedica otro poema, «Elenísimamente» en *Umbrales de otoño)*. Aquí considero que el sentido simbólico es distinto y enlaza con el realismo mágico del premio Nobel colombiano, pues recuerdo que Escribano releyó en esas semanas *Cien años de soledad*. Se puede vincular también con la descripción del entierro de José Arcadio Buendía que, aunque no haga referencia a rosas, vuelven a ser flores amarillas las protagonistas: «Vieron a través de la ventana que estaba cayendo una llovizna de minúsculas flores amarillas. Cayeron toda la noche sobre el pueblo en una tormenta silenciosa, y cubrieron los techos y atascaron las puertas, y sofocaron a los animales que durmieron a la intemperie. Tantas flores cayeron del cielo que las calles amanecieron tapizadas de una colcha compacta, y tuvieron que despejarlas con palas y rastrillos para que pudiera pasar el entierro» (García Márquez, 2014, 173).

Aunque parezca atenerse al uso de palabras comunes, una estructura sencilla y un fondo diáfano, es meramente una ilusión sensorial; manteniendo la línea intimista, el estilo está muy depurado y late una filosofía elaborada desde la meditación contemplativa, retirada del mundanal ruido (al modo de fray Luis de León) que se funda en la aceptación de lo vivido y sus consecuencias. Lo hemos dicho: en la obra, como en la biografía escribaniana, nadie encontrará desprecio, ni aborrecimiento ni furia. Solo entrega de su verdad a los demás cuando la fortaleza psíquica se lo permite, aspiración de servir de amparo de los desventurados y práctica firme de una fraternidad universalista como una suerte de aviso a navegantes —presentes y futuros— para manifestar que las iniquidades pretéritas deben quedar ahí: en el pasado, difundidas públicamente para poder, poco a poco, disiparlas mediante la sutil inteligencia emocional, como volutas de humo que se desvanecen con la brisa transparente de la atardecida.

b) *Geografía de la memoria* (2018)

La granadina había querido cerrar su obra —ateniéndose también a la situación de su salud que se complicaba por semanas— con *El corazón de la gacela,* metáfora de su yo íntimo expuesto en cada verso. Sin embargo, coge fuerzas y decide escribir una suerte de memorias (des)veladas en el último momento[100], ambientado dentro de un entorno natural esplendente como excepcional testigo, en 34 poemas que se recogen bajo el título de *Geografía de la me-*

---

[100] Observa Morales Lomas que «sigue una estela tonal muy similar, aunque con recursos al viaje y a una geografía que llega desde otros lugares del planeta. Podríamos considerarlo, no obstante, como una continuación del libro anterior» (Morales Lomas, 2021, 97).

moria en el reconocido sello valenciano Calambur[101]. Sobre la forma, Cabrera Martos explicita que:

> Aplicando un análisis hermenéutico en su sentido de comprensión e interpretación del otro y de uno mismo, utiliza en toda su producción versos impares con tendencia al acento en sexta sílaba: alejandrinos, endecasílabos, heptasílabos, pentasílabos con tendencia hacia la silva. Si bien la variabilidad o tipología del endecasílabo no se reduce a lo consabido y utiliza con asiduidad el endecasílabo sin acento en sexta sílaba (2020, 165).

El argumentario poemático, esta introspección evocadora de lo perdido (y cierto desengaño por los naufragios vitales) se construye en seis epígrafes de extensión desigual[102] que se agrupan en torno a un triplete focal: la remembranza de la infancia[103] (la segunda parte), los reveses de su vida adulta («Porque la vida muerde» y «Los senderos del bosque») y la realidad del 'yo' presente, del contexto en que se desarrolla esta última etapa vital asociado al compromiso

---

[101] Entonces bajo la dirección del poeta y crítico Sergio Arlandis.

[102] Son: «Del jardín en que habita la memoria» («Detrás de los visillos», «Te regalo mi nombre» y «Esta ciudad»), «Con la casa encendida...» («Luna», «Nadie me dijo nunca», «12 de septiembre de 1936», «Te esperaré», «El primer amor» y «Tanta madre»), «Porque la vida muerde» («Enciendo un Rothmans», «No puedo mirarte», «Para un niño con sueño»), «Los senderos del bosque» («El bosque del Glenn Helen» y «Yo quiero ser un árbol»), «Cuando regresa el ábrego» («Escucha la canción del bosque», «Desván», «La soledad», «Mendigo de invierno», «Banderas» y «Mi ciudad marinera») y «La canción del viento» («Saliste de la niebla», «Debajo de los laureles», «Naranjas», «Vuelve pronto», «Volar alto», «Como el trigo», «Venecia», «Cuando miras al mar», «Cuando te vas», «Cuando regresas», «Resaca», «En la noche», «La Virgen de la Olma» y «Cuando me vaya») .

[103] Me interesa destacar una aportación de Laura Scarano: «La infancia es una construcción de la poeta adulta, que filtra su nostalgia a través del lenguaje y reconoce su estatuto histórico. No evoca un edén perdido, pero la bautiza como «patria», no solo en términos de amparo existencial, sino de espacio de identidad, de configuración del propio yo en un lenguaje donde puede reconocerse» (Scarano, 2020, 104).

ético de ambición de paz y justicia[104] («Cuando regresa el ábrego[105]» y «La canción del viento»).

Al margen quedan las tres composiciones que conforman «Del jardín en que habita la memoria», dado que funcionan a modo de introducción, como manera de ubicar al lector ante la panorámica biográfica (evidentemente con rebordes de autoficción) que va a ofrecerle; resulta muy evidente en «Detrás de los visillos»[106], donde se dirige a un «tú» presente a lo largo de todo el poemario:

> [...]
> y entonces recordé
> que te debía una carta
> en la que te contara
> las pequeñas historias de mi vida,
> esas que no conoces,
> aquellas que perdieron el sabor de la tierra,
> el aire de los álamos
> en la pradera verde,
> el olor de los frutos,
> el sonido feroz de las tormentas.
> Te escribiré una carta cuando llegue septiembre[107],
> y pueda recordar el olor del mastranzo,
> y el color de ese pájaro
> que tuve entre mis manos,
> antes de volar alto a la cumbre del cielo.
>
> (2018, 11-12)

---

[104] Destacamos especialmente «Mendigo de invierno» y «Banderas».

[105] El ábrego es el viento de levante propio de otoño y primavera que suele traer lluvias. En el sur tiene un valor vivificante para las tierras de secano, que son la mayoría en la zona de Andalucía oriental. Ese sentido simbólico tiene en este poemario de Escribano Pueo.

[106] Precisamente este iba a ser el título original que tenía previsto y así se nominó el archivo que contiene el poemario.

[107] Nótese que el mes de septiembre es otro símbolo: la vida de Mariluz Escribano se ve sacudida como por un terremoto con el asesinato de su padre la noche del 11 al 12 de septiembre de 1936.

Vivir, en su caso, y a estas alturas, se conforma como una suma de renuncias y pérdidas, pero no han supuesto su capitulación al albur de lo previsible, toda vez que ella siempre se rebela ante la injusticia, ante el olvido, ante los desencantos que implica su realidad presente (véanse «Desván» o «La soledad»); como aclara Arlandis, estamos ante el «fiel testimonio de tan genuina personalidad, de pensamiento inconformista y punzante, de esa inteligencia capaz de reunir, sin estridencias ni contradicciones, la emoción y el razonamiento en su justa balanza» (2019, 56). Es decir, hallamos un templado equilibrio emocional, una aceptación estoica ante lo vivido y lo padecido:

> Te regalo mi vida, si la quieres,
> no solo mi apellido,
> porque hay mundos de acero insobornable
> que no se ven. Con voluntad se ignoran.
>
> (2018, 13)

Ahí está la evidencia. No hay rencor contra nadie de los que la han dañado, solo indiferencia, en tanto en cuanto que lo que no se nombra o a quien no se nombra, no existe[108]; concentra su aliento en hacer notar la trascendencia de los pequeños detalles (el color del mar, una visita a los álamos, el silencio del bosque para conseguir la calma espiritual) aunado a esa verdad suya que no quiere que se olvide desde un estado permanente de pesadumbre —por momentos, desamparo— depurado; todo, claro, una vez que ha logrado que la razón someta a las emociones más mortificadoras. El paisaje principal es el de Granada, pero por primera

---

[108] Comparto con María Rosal que es esencial [la] «voluntad del último verso: epifonema, testamento y legado. Voluntad para construir desde la memoria y desde la asunción del dolor. Un dolor que es preciso ignorar para que no ciegue el fluir de la vida» (Rosal, 2021, 153).

vez hay una mención a Ohio («El bosque de Glenn Helen») y alusiones, más o menos metafóricas, a otras metrópolis, como Nueva York o Venecia. Sin embargo, la clave está en la tierra granadina junto al recuerdo de su última visita a Pedrosa del Príncipe, el pueblo de su padre («La Virgen de la Olma»). Y decimos la tierra porque se centra en los pocos espacios vegetales que quedan: los álamos de la vega lorquiana, el olor a mastranzo, la visión del vuelo de las golondrinas primeras en tierras castellanas...

Geografía de la memoria es un poemario claramente sensorial: vista, oído y olfato son los tres sentidos prioritarios para apreciar los matices de los colores, la trascendencia de dejarse llevar por los sonidos de la naturaleza, de percibir los perfumes del jardín... En todo esto encuentra la paz de espíritu postrera: reactualizando la «Oda a la vida retirada» de fray Luis de León. Por eso, el final que trasmina «Cuando me vaya» no es dramático, ni trágico, tal y como ha valorado Valverde (2021, 173-175). Es un canto a la vida con rebordes de «despedida juanramoniana» (Morales Lomas, en Escribano, 2021, 100). Tomando conciencia de lo que implica vivir, los tres últimos versos definen su concepción de la existencia:

> Cuando me vaya
> habré perdido tantas cosas,
> que creceré en trigal por no morirme.

(2018, 79)

Así, esta metáfora honda hace ver que Mariluz Escribano concibe la vida como un ciclo eterno, semejante al del trigo del que, tras cada cosecha y, antes de llevarlo a moler para convertirlo en harina, se guarda una fracción como simiente que se utilizará para la siembra del siguiente año. Es la forma de perdurar más hermosa para quien tanto amó el mundo vegetal: ser parte de ella habitando eternamente la tierra feraz y nutricia que está en el origen de todo lo creado.

Mariluz Escribano, la poeta de la memoria y la concordia civil

Si hubiera que definir con dos palabras la obra de Escribano (no solo la poética, quiero decir, el conjunto de su obra) serían *memoria* y *perdón*. Mariluz Escribano no fue nunca en su edad adulta una mujer alegre por esos golpes vallejianos que sistemáticamente sufrió, pero tampoco se sumió en la desesperación ni convirtió su existencia en un drama. Se refugió en la memoria e hizo de la batalla permanente contra la destrucción y el olvido su razón para seguir; y esa lucha desde la sociedad civil se cumplía en la escritura, ya fuera en prensa, obras narrativas o memorialísticas; pero, singularmente, en su verso. Su poesía, construida desde una musicalidad muy marcada por los heptasílabos, endecasílabos, alejandrinos y algunos pentasílabos (que son más infrecuentes) no se puede encajar en ninguna de las corrientes o estéticas dominantes ni en la etapa en que se escriben los poemas de sus obras hasta 2013 (en los años setenta, condicionados por el culturalismo y decadentismo de los novísimos —estuvieran o no incluidos en la obra de Castellet—) ni de cuando se publican (escribe sonetos canciones o elegías cuando predomina la «poesía de la experiencia», claramente más coloquial; en este siglo XXI se dedica a reconstruir la memoria, desde el yo al nosotros, como cimiento primordial cuando mayoritariamente los autores se centran en el aquí y ahora). Es la constatación de que Escribano siempre ha nadado a contracorriente, ejerciendo con libertad su heterodoxia sin pretensiones de obtener el beneplácito de sus pares. Su prioridad son los lectores que buscan lo diferente, aquello que se aleja de los cauces temáticos de la lírica contemporánea.

Porque no puede ni debe olvidarse: Mariluz es una niña de la guerra[109] con todo lo que esto entraña para los perdedores, como fue su caso. En una guerra pierde (casi) todo el mundo, pero evidentemente unos más que otros. Ella lo perdió todo menos la esperanza, la ambición de contar las vicisitudes que tuvo/tuvieron que soportar su generación y la de sus padres para hacernos conscientes de lo que supone un conflicto armado.

De pronto, y tras haber dejado pasar mucho tiempo sin publicar poesía, resurge e, inesperadamente, se convierte en esa voz de los vencidos a la que antes aludíamos, de las miles de víctimas que continúan aún en zanjas o fosas sin nombre por la iniquidad y la sinrazón de no respetar lo que el 16 de febrero y el 1 de marzo de 1936 se decidió con el voto. El alzamiento militar, la confrontación ideológica llevada previamente al extremo (a lo largo de 1935), esa incapacidad para establecer un diálogo propició el clima idóneo, la tormenta perfecta para tamaña catástrofe. Al terror y los asesinatos iniciales siguieron, con los cuarenta años de dictadura, las represalias con una intención clara: cebarse con las víctimas como forma de reprimir la más mínima disidencia. El clima de pánico que se implanta en España ha perdurado mientras ha vivido esa generación, mucho más allá de la desaparición del dictador Francisco Franco en 1975 o la Constitución de 1978. Pocos hablaban de la guerra antes de los años noventa y, cuando se hacía, rápidamente se desviaba el tema. Mariluz Escribano, no. Mariluz Escribano se convierte en notaria de esa realidad padecida desde los once meses y la va poniendo negro sobre blanco desde 1971 (que podamos constatar) hasta 2018. Su voluntad no era de revancha, ni siquiera buscaba un desagravio personal o colectivo. Así, escribe:

---

[109] Es muy interesante en este sentido la entrevista de Poli Servián, «Mariluz Escribano: Los niños no fuimos ajenos a la Guerra civil», *Ideal*, 15 de febrero de 2001, pág. 48.

Pido el perdón del mundo para los asesinos,
aquellos que mancharon sus manos con la sangre
de muchos de los nuestros dejándonos sin padres,
dejándonos sin hijos y sin pan para el hambre

(«Pido la paz», 2015, 60).

Ella estaba a otra labor de mayor calado y trascendencia. Buscaba revelar la realidad silenciada tal cual fue desde su posición de poeta-mujer-isla a la que se le negó durante décadas el pan y la sal. Convenía una literatura que no removiera el pasado y la suya es exactamente lo contrario: un golpe en el centro del pecho, un regreso al ideario del Antonio Machado de *Juan de Mairena,* recobrar la ética unida a la estética[110], pero con su personalidad de fondo y en un contexto sociohistórico diferente al del maestro sevillano. Si hacemos un análisis lexicométrico[111] en la línea de F. J. Sánchez García (2020), de las 18557 palabras que componen esta *Poesía completa,* observaremos que los vocablos nocionales que más se repiten son: *tristeza/triste* (en 76 ocasiones), *luz* (75), *silencio* (62), *mar* (61), *tiempo* (56), *voz* (54), *ojos* (51), *tarde* (50), *manos* (48), *lluvia* y *noche* (47), *corazón* (43), *aire* (41), *nombre* (40), *amor* (38), *viento* (37), *agua* (36), *casa* (35), *otoño* y *sol* (34), *vida* (30), *sueño* (29), *azul, infancia* y *mañana* (28), *ciudad* (27), *mundo, pájaros* y *soledad* (25), *madre* (24), *brisa, horas, recuerdo* y *tierra* (23), y, finalmente, *invierno, memoria, padre, sangre* y *sonrisa* con 21 registros.

---

110 Grimaldi (2019, sin pág.) hace énfasis en esto.

111 Para el tratamiento lexicométrico de las palabras de cada obra, nos hemos servido de la herramienta informática AntConc 4.0 (Anthony, 2021). Este *software* nos ofrece la posibilidad de obtener un listado de frecuencias de palabras a partir de un corpus. Se han considerado únicamente las formas plenas o nocionales, es decir, aquellas categorías morfológicas que cumplen función de núcleo sintáctico (sustantivos y pronombres, adjetivos, verbos y adverbios).

Obsérvese que delimitan el contorno poemático escribaniano al que nos hemos venido refiriendo en este estudio. Decía Unamuno que callar es casi como mentir porque se puede entender como aprobación. Por eso, cuando su madre —con tanto miedo siempre a las consecuencias, incluso ya en democracia— fallece, se siente libre para explicar, ora en prosa, ora en verso, lo sucedido «en un tiempo de cunas / mecidas por el viento de la guerra», como afirma en «Los ojos de mi padre» (2013, 47). Y la memoria, que «es el lugar donde se funda una búsqueda ética que conduce a la composición lírica de una posible existencia que ni rechaza de plano lo referencial ni se cierra a las posibilidades que le ofrece la dimensión ficcional» (Vara Ferreira, 2016, 183) se convierte en protagonista.

Sin rabia, sin inquina porque ya no es posible recuperar lo perdido, tantos hombres y mujeres asesinados, encarcelados, exiliados... Pero también sin olvidar el suplicio y la amargura padecida a fin de no pervertir la Historia con mayúsculas, como se ha pretendido. Desde la luz de sus recuerdos, desde su incapacidad para odiar. Por esto su poesía es incómoda, porque no responde a lo esperable y por eso remueve conciencias adormecidas, obliga moralmente a tomar postura entre el bien y el mal, entre la perversidad deshumanizada y la rectitud compasiva de quien ha alcanzado un estado de equilibrio emocional excepcional, de tan alta dignidad que le permite perdonar para continuar adelante inmersa en una naturaleza en plenitud que la completa. Y esto es lo que otorga carta de naturaleza a una lírica de una fortaleza ética difícilmente alcanzable en la actualidad; aun a pesar de tenerlo todo en contra, la ha convertido, en el último minuto y cuando ya no se esperaba, en autora esencial para comprender las circunstancias de cuarenta años de silencio. A la postre, y con la rotunda y sorprendente eficacia que supone la justicia imprevista, logró la granadina crecer en trigal por no morirse, con lo que se consuma el deseo de perdurabilidad en su universo agrario de infancia, omnipresente a lo largo de todo su itinerario vital/literario.

Y resulta que su voluntad de ser voz clara de la concordia, del humanismo cívico, se cumple y, aunque la perdimos el 20 de julio de 2019 por complicaciones asociadas a su enfermedad, nos la regresa íntegra en su empeño de rescatarnos de la superficialidad vana actual para continuar ejerciendo como valedora de la imprescindible rehabilitación de los derrotados, de los caídos, de los débiles, de los niños, de los que nunca se nombran. De los que, entonces y ahora, frente a la pujanza inexorable del poder de cada momento, siempre pierden. Ella, en su aquilatada poética, los convierte en protagonistas, les da su palabra, les ofrece con sus versos la comprensión y el consuelo de quien ha padecido similares circunstancias, y les tiende la mano. Ahí reside su trascendencia, la razón de ser de su creación. Ese es el inmeso legado de Mariluz Escribano Pueo para la posteridad.

Esta edición

Este volumen trae a la luz la poesía de una autora que siempre manifestó su orgullo por pertenecer a eso que se puede denominar «la estirpe de los vencidos». Aparece cuando ya nadie lo esperaba, cuando podía creerse que la laguna Estigia se había cobrado un nuevo tributo llevando los versos de Mariluz Escribano en la barca de Caronte al otro lado. Pero no. Ha llegado la hora, ese tiempo «de paz y de memoria» al que ella misma aludía. Esa es la variable que posiblemente algunos no tuvieron en cuenta y que viene a sumarse con otra idea sobre la que también escribió Bloom y que ha pasado desapercibida: «toda poderosa originalidad literaria se convierte en canónica» (1994, 35). Ahí reside la justificación del notorio interés que suscita la obra de Escribano Pueo tres años después de su fallecimiento: en su singularidad, en la libertad, la independencia y la autenticidad que la sustentan. Estamos ante una suerte de autobiografía en verso, ante un viaje homérico, un canto del *yo* al *nosotros* que transita enlazando del alba a la noche, del origen al ocaso como el ciclo de la vida, del mundo o de la naturaleza. No hay detrás un lenguaje artificioso, ni juegos de palabras, eufemismos o un recargamiento formal. Solo su testimonio, la esencia propia de una integridad moral incontestable, verdad íntima desnuda, entre el jardín y el mar, de una tragedia colectiva que se sitúa ante las miradas de los demás con el pundonor de quien no ha sido doblegada en su voluntad de cumplir su deber («todo el mundo conoce / que heredé de mi padre una bandera»), con una serena melancolía de la que debemos aprender, pero sin ira ni venganza.

Se reúnen todos sus poemarios editados, tres de ellos agotados desde hace décadas (*Sonetos del alba*, *Desde un mar de silencio* y *Canciones de la tarde*) e inencontrables incluso como obras de lance, para aportar a lectores y estudiosos una visión unitaria y definitiva de lo que entraña el corpus de la poética escribaniana, su contribución evidente a las letras españolas. He acudido a los originales tal y como ella los concibió, dado que en vida me dio libre acceso a los mismos, en tanto en cuanto, durante veinte años he dedicado gran parte de mi tiempo a visibilizar e interpretar su obra en el contexto. De hecho, conservo el original de *Umbrales de otoño* que me regaló, pues fue mío el encargo de estructurarlo para su publicación en 2013.

Mis afirmaciones, tanto las del estudio preliminar como las de las anotaciones a los poemas, se basan en la conversación diaria e ininterrumpida que hemos mantenido durante dieciocho años sobre las circunstancias que han condicionado su vida y obra. Y, al final, esta edición no es otra cosa que un acto de justicia basándonos en aquella propuesta que Antonio Machado sugería en su archiconocido poema a los discípulos de Francisco Giner de los Ríos, creador de la Institución Libre de Enseñanza: un duelo de labores y esperanzas. La labor está hecha. La esperanza se ve cumplida desde este preciso instante en que llega a las manos de los lectores.

Bibliografía*

De la autora

Poesía

Escribano Pueo, Mariluz, *Sonetos del alba (Veintidós sonetos para un jardín),* Málaga, Guadalhorce, 1991. Agotado.
— *Desde un mar de silencio,* Granada, Cuadernos del Tamarit, 1993. Agotado.
— *Canciones de la tarde,* Madrid, Ediciones Torremozas, 1995. Agotado.
— *Sonetos del alba (Veintidós sonetos para un jardín),* prólogo de Gregorio Salvador [Real Academia Española] y estudio preliminar de Remedios Sánchez García, Granada, Dauro, 2.ª ed., 2005. Agotado.
— *Umbrales de otoño,* estudio preliminar de Remedios Sánchez, Madrid, Hiperión, 2013.
— *El corazón de la gacela,* Granada, Valparaíso, 2015.
— *Azul melancolía,* antología personal, Madrid, Visor, 2016.
— «Esbozo para una poética imposible», en Remedios Sánchez García y Manuel Gahete Jurado (coords.), *La palabra silenciada. Voces de mujer en la poesía española contemporánea (1950-2015),* Valencia, Tirant lo Blanch, 2017, págs. 441-446.
— *Geografía de la memoria,* Valencia, Calambur, 2018.
— *Tiempo de paz y de memoria,* treinta poemas comentados, ed. a cargo de Remedios Sánchez, Madrid, Hiperión, 2021.

* La fecha de última consulta de los hipervínculos que figuran en la siguiente bibliografía, así como en las notas al pie de esta edición, es del 1 de septiembre de 2022. *(N. del E.)*

— *Yo quiero ser un árbol. Antología poética para niños y niñas,* edición de María del Carmen Quiles Cabrera, Granada, Valparaíso, 2021.
— *Cuando me vaya,* antología, estudio preliminar de Fernando Valverde y proemio de Remedios Sánchez, Granada, Valparaíso, 2021.

Prosa y artículos reunidos

Escribano Pueo, Mariluz y Fuentes, Tadea, *Diálogos en Granada,* Granada, Anel, 1995. Agotado.
— *Papeles del diario de doña Isabel Muley,* ilustraciones de Dolores Montijano, Granada, Anel, 1996. Agotado.
Escribano Pueo, Mariluz, *Cartas de Praga,* Granada, Extramuros, 1999. Agotado.
— *Ventanas al jardín,* Artículos, Granada, Extramuros, 2002. Agotado.
— *El ojo de cristal. Artículos,* prólogo de Remedios Sánchez, Granada, Dauro, 2004. Agotado.
— *Jardines, pájaros,* Artículos, Granada, Comares, 2007.
— *Los caballos ciegos,* Cuentos, estudio preliminar de Remedios Sánchez, Madrid, Devenir, 2008.
— *Escuela en libertad,* Artículos, prólogo de Remedios Sánchez, Granada, Zumaya, 2010. Agotado.

Memorias

Escribano Pueo, Mariluz, *Sopas de ajo (Memorias de una niña),* Granada, Extramuros, 2000. Agotado.
— *Sopas de ajo (Memorias de una niña),* Granada, Comares, 2001.
— *Memoria de azúcar,* Granada, Alhulia, 2002. Agotado.

Otras publicaciones

Escribano Pueo, Mariluz y Moreno Rivas, Matilde (eds.), *Tadea seu liber de amicitia,* Granada, Universidad de Granada, 2002.
Escribano Pueo, Mariluz y Sánchez García, Remedios (eds.), *Tadea Fuentes. Lecciones de invierno,* Granada, Universidad de Granada, 2006.

Escribano Pueo, Mariluz y Sánchez García, Remedios (eds), *Elena Martín Vivaldi. Variaciones sobre la lluvia,* Granada, Caja-Granada, 2007. Agotado.

— (eds.), *Alforjas para la poesía. Antología de poesía para niños y niñas,* Barcelona, Octaedro, 2011.

Sánchez García, Remedios, *Mariluz Escribano. Cuaderno didáctico,* Sevilla, Junta de Andalucía, 2021.

VV. AA., «Mariluz Escribano, el corazón de la gacela», *EntreRíos. Revista de Artes y Letras,* 29-30, 2020 (monográfico dedicado a la escritora).

Antologías

Correa Ramón, Amelina, *Literatura en Granada (1898-1998),* Granada, Diputación Provincial, 1999.

Enrique, Antonio, *Setenta menos uno. Antología emocional de poetas andaluces,* Málaga, Unicaja, 2016.

Lumbreras Krauel, Tecla, *Guía de artistas y escritoras contemporáneas andaluzas,* Sevilla, Instituto de Andaluz de la Mujer, 1997.

Plumas femeninas en la literatura de Granada. Diccionario-Antología, Granada, Diputación Provincial, 2002.

Valverde, Fernando (ed y pról.), en Mariluz Escribano Pueo, *Cuando me vaya. Antología poética,* proemio de Remedios Sánchez, Granada, Valparaíso, 2021.

Vila-Belda, Reyes, *Ellas cuentan la guerra. Las poetas españolas y la guerra civil (antología 1936-2013),* Sevilla, Renacimiento, 2021.

Bibliografía general

Alonso, D., *Ensayos sobre poesía española,* Madrid, Revista de Occidente, 1944.

Álvarez Rodríguez, J. y Álvarez Ferrándiz, D., «Pedagogía y memoria histórica en la construcción de la identidad poética de Mariluz Escribano», *Tonos digital. Revista de Estudios Filológicos* (40) 1, págs. 1-17. Online.

Arenas, A., «Mariluz Escribano: Siempre he tenido el propósito de ser diáfana en mi escritura», *Ideal,* 4 de octubre de 2016, pág. 53.

ARLANDIS, S., «Vuelve pronto», en Mariluz Escribano Pueo, *Tiempo de paz y de memoria. Treinta poemas comentados,* Remedios Sánchez (ed.), Madrid, Hiperión, 2021, págs. 167-170.

— «El latido siempre joven (a propósito de *Geografía de la memoria*)», *Ideal, La Página de los Libros,* 2 de marzo de 2019, pág. 56.

BAUGMAN, Z., *La cultura en el mundo de la modernidad líquida,* México, Fondo de Cultura Económica, 2011.

BELLI, G., «La niña que se sueña soldado», en Mariluz Escribano Pueo, *Tiempo de paz y de memoria. Treinta poemas comentados,* Remedios Sánchez (ed.), Madrid, Hiperión, 2021, págs. 130-132.

BONNET, P., «La vibrante hondura de una poeta», en Mariluz Escribano Pueo, *Tiempo de paz y de memoria. Treinta poemas comentados,* Remedios Sánchez (ed.), Madrid, Hiperión, 2021, págs. 109-110.

BOSCH MARÍN, J., *El niño español en el siglo* XX, Madrid, Real Academia Nacional de Medicina, 1947.

BOURDIEU, P., *La distinción. Criterios y bases sociales del gusto,* Madrid, Taurus, 1998.

BRINES, F., *Donde muere la muerte,* Barcelona, Tusquets, 2021.

CABRERA MARTOS, J. , «Armonía, modernidad y selva. Una interpretación ideológica de la música en la poesía de Mariluz Escribano», *EntreRíos. Revista de Artes y Letras,* 29-30, 2020, págs. 163-171.

CALDERÓN, A., «De la imagen ausente a la imagen-soplo: la potencia visual de Mariluz Escribano», en Mariluz Escribano Pueo, *Tiempo de paz y de memoria. Treinta poemas comentados,* Remedios Sánchez (ed.), Madrid, Hiperión, 2021, págs. 139-141.

CAMBIL HERNÁNDEZ, E., «Mariluz Escribano Pueo: una casa de miel y sol», *EntreRíos. Revista de Artes y Letras,* 29-30, 2020, págs. 49-62.

CAMPOS FERNÁNDEZ-FÍGARES, M. y QUILES CABRERA, M. C., «El paso por la tierra. Compromiso y naturaleza en Mariluz Escribano», *EntreRíos. Revista de Artes y Letras,* 29-30, 2020, págs. 188-195.

CAPPA, G., «El otoño según Mariluz Escribano», *Granada Hoy,* 12 de noviembre de 2013, pág. 51.

Castro, J., «Renombrarse, la afirmación», en Mariluz Escribano Pueo, *Tiempo de paz y de memoria. Treinta poemas comentados,* Remedios Sánchez (ed.), Madrid, Hiperión, 2021, págs. 64-65.

Cirlot, J. E., *Diccionario de símbolos,* Barcelona, Labor, 1992.

De Cuenca, L. A., «Soneto XVII: Desmayo de la tarde hacia el poniente», en Mariluz Escribano Pueo, *Tiempo de paz y de memoria. Treinta poemas comentados,* Remedios Sánchez (ed.), Madrid, Hiperión, 2021, pág. 56.

Díaz Granados, F., «La poesía como conjuro de la soledad», en Mariluz Escribano Pueo, *Tiempo de paz y de memoria. Treinta poemas comentados,* Remedios Sánchez (ed.), Madrid, Hiperión, 2021, págs. 143-144.

Espada, J., «Poesía nacida del silencio», en María Luz Escribano Pueo, *Canciones de la tarde,* Madrid, Ediciones Torremozas, 1995, págs. 11-15.

Even Zohar, I., «Factores y dependencias de la cultura. Una revisión de la teoría de los Polisistemas», en *Teoría de los Polisistemas,* Montserrat Iglesias Santos (ed.), Madrid, Arco Libros, 1999.

Fokkema, D., «Comparative literatura and the problem of canon formation», *Canadian Review for Comparative Literature,* XXIII, 1996, págs. 51-66.

Gahete Jurado, M., «El universo femenino en los Premios Andalucía de la Crítica», en *La palabra silenciada. Voces de mujer en la poesía española contemporánea (1950-2015),* Remedios Sánchez García y M. Gahete Jurado (coords.), Valencia, Tirant Lo Blanch, 2017, págs. 301-312.

— «Mariluz Escribano y la modernidad del clasicismo», en Mariluz Escribano Pueo, *Tiempo de paz y de memoria. Treinta poemas comentados,* Remedios Sánchez (ed.), Madrid, Hiperión, 2021, págs. 41-51.

— «El tema del alba en la poesía de Mariluz Escribano», *Álabe. Investigaciones sobre lectura,* núm. extraordinario, 2022, online.

Gallego Coín, B., «La poesía como fotografía de una vida», *Granada Hoy,* 17 de mayo de 2016, pág. 57.

Gallego Morell, A., «La literatura sumergida de Mariluz Escribano», *Artes y Letras,* suplemento de *Ideal,* 20 de febrero de 2001, pág. 7.

Gamoneda, A., «El mar de silencio de Mariluz Escribano», en Mariluz Escribano Pueo, *Tiempo de paz y de memoria. Treinta poemas comentados,* Remedios Sánchez (ed.), Madrid, Hiperión, 2021, págs. 36-38.

García Linares, J. M., «"Cuando retornan de nuevo las mareas". Un acercamiento a la poesía de Mariluz Escribano Pueo», *EntreRíos. Revista de Artes y Letras,* 29-30, 2020, págs. 173-180.

— «Porque el mar siempre regresa», en Mariluz Escribano Pueo, *Tiempo de paz y de memoria. Treinta poemas comentados,* Remedios Sánchez (ed.), Madrid, Hiperión, 2021, págs. 127-128.

García Marquez, G., *Cien años de soledad,* Barcelona, Penguin Books, 2014.

García Montero, L., «Elena Martín Vivaldi (La soledad edificada)», *Ínsula,* 730, 2008, págs. 17-18.

— *Un lector llamado Federico García Lorca,* Madrid, Taurus, 2016.

Gates, H. L., «Las obras del amo. Sobre la formación del canon y la tradición afroamericana», *El canon literario,* E. Sulla (ed.), Madrid, Arco Libros, 1998, págs. 161-187.

Gil Andrés, C., *Españoles en guerra. La guerra civil en 39 episodios,* Barcelona, Ariel, 2014.

Gil Craviotto, F., «Mari Luz Escribano, entre la investigación y la creación», *La Crónica,* 2 de mayo de 1994, pág. 14.

González Alcantud, J. A., *La ciudad vórtice: lo local, lugar fuerte de la memoria en tiempos de errancia,* Barcelona, Antrophos, 2005.

González Calleja, E. y Navarro Comas, R., *La España del Frente Popular: política, sociedad, conflicto y cultura en la España de 1936,* Granada, Comares, 2011.

Grimaldi, J. M., «Muere Mariluz Escribano, un ejemplo de conciencia ética», *El Independiente de Granada,* 20 de julio de 2019; recuperado de: <https://www.elindependientedegranada.es/cultura/muere-mariluz-escribano-ejemplo-conciencia-etica>.

Lanseros Sánchez, R., «La poesía de Mariluz Escribano y su consagración en el canon literario», *EntreRíos. Revista de Artes y Letras,* 29-30, 2020, págs. 137-143.

— «Memoria y paz», en Mariluz Escribano Pueo, *Tiempo de paz y de memoria. Treinta poemas comentados,* Remedios Sánchez (ed.), Madrid, Hiperión, 2021, págs. 102-103.

León-Portilla, M., *La filosofía náhuatl estudiada en sus fuentes* México, UNAM, 2017 (11.ª edición).
Lotman, I., *La estructura del texto artístico,* Madrid, Istmo, 1978.
Lukács, G., *Estética I,* Barcelona, Grijalbo, 1966.
Malefakis, E., *Reforma agraria y revolución campesina en la España del siglo XX,* Barcelona, Ariel, 1971.
Martínez Ezquerro, A., «Léxico y símbolos de la naturaleza en Libro de poemas, de Federico García Lorca», en *Federico García Lorca en su entorno. La infancia en la construcción de la identidad literaria lorquiana,* María Remedios Sánchez García y Ramón Martínez López (eds.), Madrid, Visor, 2019, págs. 149-175.
— «Educación poética en el aula. Un modelo a partir de la creatividad de Mariluz Escribano», *Álabe. Investigaciones sobre lectura,* 25, 2022, online.
Mendoza, P. A., *El olor de la guayaba: conversaciones con Gabriel García Márquez,* Barcelona, Bruguera, 1982.
Merino, A., «El bosque de Glenn Helen», en Mariluz Escribano Pueo, *Tiempo de paz y de memoria. Treinta poemas comentados,* Remedios Sánchez (ed.), Madrid, Hiperión, 2021, págs. 159-160.
Mignolo, W., «Los cánones y (más allá de) las fronteras culturales (o ¿de quién es el canon del que hablamos?)», *El canon literario,* E. Sulla (ed.), Madrid, Arco Libros, 1998, págs. 237-270.
Molina Fajardo, E., *Los últimos días de García Lorca,* Barcelona, Plaza y Janés, 1983.
Mora, A., «Mariluz ejerce de tristeza y de noviembre», en Mariluz Escribano Pueo, *Tiempo de paz y de memoria. Treinta poemas comentados,* Remedios Sánchez (ed.), Madrid, Hiperión, 2021, págs. 60-62.
Moradiellos, E., *Historia mínima de la Guerra Civil española,* Madrid y México D. F., Turner/El Colegio de México, 2016.
Morales Barba, R., «Desde un mar de silencio o el triunfo de la palabra», *EntreRíos. Revista de Artes y Letras,* 29-30, 2020, págs. 126-129.
Morales Lomas, F., «*Umbrales de otoño* de Mariluz Escribano», en *El hilo de Ariadna. Literatura y crítica contemporánea,* Francisco Morales Lomas (ed.), Málaga, Fundación Unicaja, 2018, págs. 206-208.

— «Una poeta canónica al margen de generación. Justificación de una anomalía», en Mariluz Escribano Pueo, *Tiempo de paz y de memoria. Treinta poemas comentados,* Remedios Sánchez (ed.), Madrid, Hiperión, 2021, págs. 93-100.

Muñoz, J. A., «La verdad tras el fusilamiento de Agustín Escribano», *Ideal,* 14 de noviembre de 2015, pág. 63.

— «Mariluz Escribano, el ojo en la tinta», *EntreRíos. Revista de Artes y Letras,* XV, 29-30, 2020, págs. 197-202.

Murillo Cubillas, R., «Mariluz, mujer por Granada», *EntreRíos. Revista de Artes y Letras,* 29-30, 2020, págs. 64-71.

Ortega, J., *La caja de alegría: Federico García Lorca en la Huerta de San Vicente,* Granada, Comares, 2020.

Ortega y Gasset, J., *El tema de nuestro tiempo,* Madrid, Revista de Occidente, 1927 (ed. de 1961).

Petrarca, F., *Los sonetos y canciones del poeta Francisco Petrarcha que traduzia Henrique Garcés de lengua thoscana en castellana,* Madrid, Guillermo Droy impresor de libros, 1591, 1.ª ed.

Pérez Azaústre, J., «Escribiré una carta para cinco», en Mariluz Escribano Pueo, *Tiempo de paz y de memoria. Treinta poemas comentados,* Remedios Sánchez (ed.), Madrid, Hiperión, 2021, págs. 147-149.

Pérez López, M. A., «Estatura y canción para los árboles», en Mariluz Escribano Pueo, *Tiempo de paz y de memoria. Treinta poemas comentados,* Remedios Sánchez (ed.), Madrid, Hiperión, 2021, págs. 71-72.

Reina, M. F., «Mayor castigo de Mariluz Escribano: una prueba de vida», en Mariluz Escribano Pueo, *Tiempo de paz y de memoria. Treinta poemas comentados,* Remedios Sánchez (ed.), Madrid, Hiperión, 2021, págs. 120-122.

Rentería Garita, C., «Recuerdos de violencia durante la Guerra Civil en tres poetas españolas (Ángela Figuera Aymerich, Gloria Fuertes y Mariluz Escribano)», en *La palabra silenciada. Voces de mujer en la poesía española contemporánea (1950-2015),* Remedios Sánchez García y M. Gahete Jurado (coords.), Valencia, Tirant Lo Blanch, 2017, págs. 167-177.

Rodrigo, J., *Hasta la raíz. Violencia durante la guerra civil y la dictadura franquista,* Madrid, Alianza, 2008.

Rodríguez, J. M., «Te regalo mi nombre», en Mariluz Escribano Pueo, *Tiempo de paz y de memoria. Treinta poemas comen-*

tados, Remedios Sánchez (ed.), Madrid, Hiperión, 2021, págs. 157-158.

ROSAL, M., «Te regalo mi nombre», en Mariluz Escribano Pueo, *Tiempo de paz y de memoria. Treinta poemas comentados,* Remedios Sánchez (ed.), Madrid, Hiperión, 2021, págs. 151-153.

RUSS, J., *Cómo acabar con la escritura de las mujeres,* prólogo de Jessa Crispin y traducción de Gloria Fortún, Sevilla, Barret/Dos Bigotes, 2008.

SÁEZ, J. A., «Hojas caídas», *La mirada ausente,* 3 de noviembre de 2013; disponible en: <http://lamiradaausente.blogspot.com/2013/11/hojas-caidas.html>.

SÁNCHEZ GARCÍA, F. J., «La construcción del lenguaje poético en la Generación del 80 (A propósito de la riqueza léxica)», *Artifara,* 20.2, 2020, págs. 93-102.

SÁNCHEZ GARCÍA, R., *Así que pasen treinta años. Historia interna de la poesía española contemporánea (1950-2017),* Madrid, Akal, 2018.

— «Entre lo biográfico y lo literario. La voz de la tierra en Federico García Lorca», en *Federico García Lorca en su entorno. La infancia en la construcción de la identidad literaria lorquiana,* María Remedios Sánchez García y Ramón Martínez López (eds.), Madrid, Visor, 2019, págs. 23-37.

— «Mariluz Escribano, la poeta de la memoria y la concordia civil, en Mariluz Escribano Pueo», *Tiempo de paz y de memoria. Treinta poemas comentados,* Remedios Sánchez (ed.), Madrid, Hiperión, 2021, págs. 13-27.

SÁNCHEZ GARCÍA, R. y GAHETE JURADO, M. (coords.), *La palabra silenciada. Voces de mujer en la poesía española contemporánea (1950-2015),* Valencia, Tirant Lo Blanch, 2017.

SARRIA, J., «El color de la memoria», en *Sur. Revista de Literatura,* 3, 2014, s/p. Online.

— «Elegía del recuerdo», en *Los diablos azules,* 28 de abril de 2016; disponible en: <https://www.infolibre.es/noticias/los_diablos_azules/2016/04/29/el_corazon_gacela_mariluz_escribano_49040_1821.html>.

— «*Umbrales de otoño,* un estandarte de la memoria y la concordia», en Mariluz Escribano Pueo, *Tiempo de paz y de memoria. Treinta poemas comentados,* Remedios Sánchez (ed.), Madrid, Hiperión, 2021, págs. 75-83.

Scarano, L., «Escenas de infancia en la poesía de Mariluz Escribano», *EntreRíos. Revista de Artes y Letras,* 29-30, 2020, págs. 103-111.

Servián, P., «Mariluz Escribano: Los niños no fuimos ajenos a la Guerra civil», *Ideal,* 15 de febrero de 2001, pág. 48.

Siles, J., «Soneto IX: Tuya es mi voz y el hueco de mi mano», en Mariluz Escribano Pueo, *Tiempo de paz y de memoria. Treinta poemas comentados,* Remedios Sánchez (ed.), Madrid, Hiperión, 2021, págs. 53-54.

Téllez, J. J., «Fallece en Granada Mariluz Escribano, poeta del perdón y la memoria», en *eldiario.es, La caja negra,* 21 de julio de 2019, disponible en: <https://www.eldiario.es/andalucia/lacajanegra/Mariluz_Escribano_Pueo-literatura-Andalucia-Granada_0_922857943.html>.

Tusell, J., *Historia de España del siglo xx. II. La crisis de los años treinta: República y Guerra Civil,* Barcelona, Taurus, 1999.

Umbral, F., *Mortal y rosa,* Madrid, Cátedra, 1975.

Valverde, F., «Cuando me vaya: la herencia literaria de Mariluz Escribano», en Mariluz Escribano Pueo, *Tiempo de paz y de memoria. Treinta poemas comentados,* Remedios Sánchez (ed.), Madrid, Hiperión, 2021, págs. 173-175.

Vara Ferrero, N., «"El poema no soy yo": Autobiografía como pecado original (según Marta Sanz y Ángeles Mora)», en Juan José Lanz y Natalia Vara Ferrero (eds.), *Mentiras verdaderas. Autorreferencialidad y ficcionalidad en la poesía española contemporánea,* Sevilla, Renacimiento, 2016, págs. 171-212.

Vicens, A., «Sí comiste estrellas de madre», en Mariluz Escribano Pueo, *Tiempo de paz y de memoria. Treinta poemas comentados,* Remedios Sánchez (ed.), Madrid, Hiperión, 2021, págs. 106-107.

Villena, F., «Sopas de ajo», en *Papel Literario*. Suplemento cultural del diario *Málaga,* 25 de marzo de 2001, pág. 1.

Yeste, E., «La transición española. Reconciliación nacional a cambio de desmemoria el olvido público de la Guerra Civil», *Historia Actual Online,* 21, 2010, págs. 7-12.

Zurita, R., «Nuestros ojos son el padre», en Mariluz Escribano Pueo, *Tiempo de paz y de memoria. Treinta poemas comentados,* Remedios Sánchez (ed.), Madrid, Hiperión, 2021, págs. 93-100.

Poesía completa

Mariluz Escribano. Fotografía de su hijo, Juanma Marín Escribano.

Sonetos del alba

I

A Manuel Ángeles Ortiz[1]

Mientras llueve en París, duerme Granada
y la brisa y la tarde van heridas,
Manolo de los Ángeles no olvidas
la torre en el estanque reclinada.

Luces de sol en hora ensangrentada,
antífona de tardes ya perdidas,
se reflejan sin fin, estremecidas,
en ánfora de pájaro azulada.

Adelanta la mano y los pinceles,
trabaja sobre el lienzo y la madera
adivinando luces y alminares

---

[1] Manuel Ángeles Ortiz (Jaén, 1895-París, 1984) fue un pintor, ilustrador y escenógrafo de origen jiennense pero afincado en Granada desde su infancia. Vinculado a la generación del 27 como amigo de Federico García Lorca (pertenecía a la tertulia de El Rinconcillo) y Rafael Alberti, fue el autor del cartel del Concurso del Cante Jondo, de algunas portadas de la revista *Gallo* y participó también en la aventura teatral que implicó La Barraca. Tras la Guerra Civil se exilió a París donde residió, si bien hacía frecuentes visitas a Granada en los últimos años de su vida. El soneto responde a una visita, acompañado de la poeta, al alhambreño Patio de los Arrayanes a mediados de los años setenta, fecha en que se compuso el poema.

porque llueve en París[2] y acaso vueles
llevándote cipreses por bandera,
trocando en Albaicín los bulevares[3].

II

Duérmete ya que está la luz cayendo
y va la brisa traspasada, herida,
cuando es noche y azul tan sin medida
que el alba puede que se esté muriendo[4].

Que el alba puede que se esté muriendo,
silenciados los pájaros y huïda[5]
la blanca nube súbita y dormida,
la herida flor que ayer iba creciendo.

---

[2] Se vincula este verso a la «Canción de París» de *Canciones de la tarde,* publicadas cuatro años después, donde se pregunta: «¿También llueve en París? Acaso llueve. / Aquel perfume a bulevar desnudo / transita por Granada. / (París es una historia de hace tiempo, / un sueño recordado en la mañana)».

[3] A pesar de residir en París, añoraba mucho Granada (de hecho tenía una casa alquilada para sus visitas) y dedicó series de óleos, grabados o dibujos obsesivamente a revelar los matices de lugares que le marcaron vital y creativamente desde sus planteamientos artísticos cubistas; en concreto una de esas etapas, desarrollada durante más de quince años, se centra en las interpretaciones de la geometría del granadino barrio del Albaicín (Patrimonio de la Humanidad por la UNESCO) que es a la que se alude en el poema.

[4] La repetición del último verso del primer cuarteto en el primero del segundo pretende hacer énfasis en la metáfora que supone para ella la muerte del alba que, para Escribano, implica inaugurar una vida nueva cada día en contraposición con el atardecer o la noche. A propósito del alba en la poesía de Mariluz Escribano, vid. Manuel Gahete Jurado, «El tema del alba en la poesía de Mariluz Escribano», *Álabe. Investigaciones sobre Lectura,* 2022, online; disponible en <www.revistaalabe.com>.

[5] La razón de la diéresis es romper el diptongo para no alterar la música versal.

Que la noche está aquí y es infinito
este vivir sin vernos la esperanza
de alzar mañana el amoroso rito.

Duerme y sosiega en el lugar que habito,
hogar del tiempo en el que se remansa
esa dulce amistad que necesito.

III

Paloma blanca[6] de tan alto vuelo,
huésped fugaz del aire estremecido,
enamorada ave en atrevido
requiebro al viento del rendido cielo.

Cruzas el aire sin tener consuelo
en vuelo pertinaz y desvalido,
y llevas alto el corazón herido,
paloma blanca de tan alto vuelo.

¿A dónde el palomar, en dónde el nido?
Agónico volar de rama en rama[7]
persiguiendo al amor desvanecido.

Y llevas alto el corazón herido,
paloma blanca de tan alto vuelo,
turbios los ojos y el candor vencido.

---

[6] La paloma funciona como símbolo de la inocencia y la pureza.

[7] Existe una clara conexión con la «Canción primera» y «Canción de septiembre» de *Canciones de la tarde;* la «Canción primera» termina con estos versos: «Agónico el vivir para el olvido, / para el instante y no para la historia, / volver el rostro y solo ver la gloria / de morir en el mar inútilmente». «Canción de septiembre» dice así: «Qué agónico jardín para el recuerdo, / bordado en la madera de la tarde». Al final se repite la misma idea con diferentes imágenes.

IV

A Isabel Roldán García[8]

Alta frente ya en piedra convertida[9]
Isabel de la albahaca y yerbabuena,
quebrada voz de sombra y azucena,
tarde a tarde cantando estremecida.

Voz tan clara, de luz amanecida,
entre las flores de tu patio suena[10],

---

[8] Isabel Roldán García era prima hermana de Federico García Lorca, hija de la hermana menor de su padre, Isabel García Rodríguez. Isabel García Rodríguez se ocupó de cuidar a sus sobrinos y fue ella —que tenía la habilidad de la familia García para la música— la que enseñó al poeta a tocar la guitarra y también las letras de canciones populares, coplas o habaneras. Igual tarea desarrolló con su hija Isabel y con Mariluz Escribano varias décadas más tarde. Casada con el el escultor Eduardo Carretero, Isabel Roldán era artista plástica —dedicada especialmente al mosaico de teselas de piedra—; el matrimonio residía en Chinchón, pero mantuvo un vínculo permanente con Granada, adonde retornaban con frecuencia de visita. Su amistad con Mariluz Escribano era casi una hermandad: de hecho, hasta veraneaban en casas cercanas en Fuengirola; Isabel Roldán falleció el 31 de marzo de 1985 después de una larga enfermedad, lo que nos permite ubicar la escritura de este soneto tras el verano de ese año atendiendo también a lo que nos explicó la poeta.

[9] Hace referencia a la lápida de piedra cincelada para su tumba por su marido, el escultor Carretero.

[10] Las flores del patio, la tarde, las macetas, la hierbabuena y la albahaca están también, desde otra perspectiva, en el poema de Antonio Machado, «El limonero lánguido suspende» en el que encontramos estos versos, precisamente ambientados en el mes de marzo, que es cuando muere Isabel Roldán: «Es una tarde clara, / casi de primavera; / tibia tarde de marzo, / que al hálito de abril cercano lleva; / y estoy solo, en el patio silencioso, / [...] / tarde sin flores, cuando me traías / el buen perfume de la hierbabuena, / y de la buena albahaca, / que tenía mi madre en sus macetas».

y desmaya una guitarra la serena
nota de amor que casi nunca va de huïda[11].

Yo no olvido esta noche, vivamente,
tu campesina gracia y tu figura[12]
de inagotable alondra adolescente.

Y ese mirar, pausado y sonriente,
sobre la piedra azul[13] de la ternura,
que tu mano trabaja eternamente.

V

Hoy yo debo decirte: estoy cansada
y el otoño me viene por la rima
dorado en su color y me lastima
doliéndome su luz extenuada.

Lejos tengo la paz de tu mirada,
mi sombra que en tu sombra se ilumina.
Déjame, sueño, que a mi sueño imprima
el afilado grito de tu espada.

Déjame, amor, dormir sobre tu pecho,
que viene ya la aurora enardecida
denunciando la nieve del invierno.

Suspéndese en el aire olor a helecho,
a crisantemo, a rosa desvaída,
a escarchado ciprés, hermoso y tierno[14].

---

[11] En relación a «huïda», véase la nota 5.

[12] La gracia campesina que también había heredado su primo Federico con quien dicen que tenía un parecido notable.

[13] Referencia a su actividad como autora de mosaicos de delicados colores.

[14] El último terceto es una alegoría de la muerte con sus alusiones a «crisantemo» y «ciprés tierno».

VI

¿A quién doy mi corazón cansado,
doliente, en soledad y estremecido?[15].
Lo doy por nada, porque va vencido[16]
y, aun vencido, lo siento enamorado.

En tan largo silencio, desvelado,
acumula tristezas y va herido:
pájaro bajo el alba perseguido
que vuela hacia una nube esperanzado.

Mayor la pena si más alto el vuelo[17],
afanoso de alzarse a la alegría
de alguna luz que le quebrante el duelo.

Y pues que está muriendo en desconsuelo,
cegado por la sombra de la umbría,
huïdo[18] va, bajo el azul del cielo.

---

[15] Se intuye la lectura del soneto lorquiano «El poeta dice la verdad» perteneciente a los *Sonetos del amor oscuro.* La «carne estremecida» de Federico se convierte aquí en «corazón estremecido».

[16] Percíbase el vínculo argumental con el segundo cuarteto del soneto XXX de Garcilaso de la Vega: «ya se acabó la resistencia mía / y la fuerza del alma; ya *rendido* / *vencer* de vos me dejo, arrepentido / de haberos contrastado en tal porfía» (la cursiva es nuestra).

[17] Recuérdese el soneto III, «Paloma blanca de tan alto vuelo», con el que enlaza. Aquella paloma anterior es ahora el corazón de la enamorada.

[18] Véase nota 5.

VII[19]

Oscuro es el dolor, oscuro el llanto,
oscuro el no tenerte por el viento,
oscura madrugada cuando siento[20]
que al alba sin tu abrazo me levanto.

Que no tengo mañana sin quebranto
al no poder decirte lo que intento,
lo que me llora aquí en el pensamiento,
lo que me callo a golpes en mi canto.

Llevo la voz herida sin tenerte,
indecisa la mano en las labores,
el corazón latiéndome en desvelo.

Y alcanzo la primera luz sin verte,
me embarco en mediodía de dolores,
de noche me corona el desconsuelo.

VIII

Si te me mueres, di, cómo nombrarte,
cómo abrigarme solo con tu ausencia,
adónde encaminar esta existencia
que vive solamente para amarte.

---

[19] Soneto amoroso en el que la amante expresa lo angustiosa que le resulta la ausencia del amado. Se percibe la influencia lorquiana de los *Sonetos del amor oscuro*, singularmente en el ritmo.

[20] Obsérvese la reiteración «oscuro/oscura» para enfatizar la idea. Todo es oscuro a pesar de que amanezca (al alba) si no está el amado.

Si te me mueres, di, cómo dejarte,
desnudo de la luz sin mi presencia,
cómo pedirle al corazón paciencia
mientras llega el momento de encontrarte.

Llévame de tu mano si decides
alzarte en vuelo y descansar inerte
en un lugar al sol sobre la cumbre[21],

que no podré negarme si me pides
convertirme en tu sombra por la muerte,
que así será menor mi pesadumbre.

IX[22]

Tuya es mi voz y el hueco de mi mano,
mi cálida sonrisa intrascendente,
los suspiros que van, sencillamente,
de mi aliento a tu aliento tan lejano.

---

[21] Denota su lectura de la *Égloga I* de Garcilaso de la Vega, en concreto de cuando Salicio, abandonado por Galatea, se lamenta: «Estoy muriendo, y aun la vida temo; / témola con razón, pues tú me dejas, / que no hay sin ti el vivir para qué sea. / [...] / El sol tiende los rayos de su lumbre / por montes y por valles, despertando / las aves y animales y la gente: / cuál por el aire claro va volando, / cuál por el verde valle o alta cumbre / paciendo va segura y libremente, / cuál con el sol presente / va de nuevo al oficio / y al usado ejercicio / do su natura o menester l'inclina; / siempre está en llanto esta ánima mezquina, / cuando la sombra el mundo va cubriendo / o la luz se avecina. / Salid sin duelo, lágrimas, corriendo».

[22] Jaime Siles lo analiza así: «es un soneto clásico de amor, escrito en un lenguaje humilde y llano —según la teoría de los tres estilos— que nos dice tanto sobre el tema que trata como sobre la persona que lo compuso y lo escribió. Llama la atención en él el tono comedido y mesurado que, sin ocultar la pasión, la encauza, haciendo tanto al destinatario

Nada vive en mi sangre tan cercano
como tu corazón. Serenamente
creces en mí, y en mí como simiente[23]
te guardaré mañana. Y será en vano

que la tarde me llame a la tristeza[24],
con sus dorados tonos otoñales
porque te tengo a ti por centinela.

Y es tanta la ternura y la tibieza
que derraman tu gesto y tus modales,
que tu sola existencia me consuela.

X[25]

Corazón, centinela de mis horas,
al pie de mis amores amoroso,
bandera de la sangre en que reposo
dolores y tristezas que aminoras.

---

como al lector copartícipe de su río interior [...] en este soneto en apariencia sencillo —pero no *intrascendente*— nos trasmite su visión y vivencia del amor, la machadiana heterogeneidad de nuestro *yo* y la presencia siempre necesaria del otro: del lo otro, sin lo que no tiene esencia ni existencia nuestro yo. En una escritura carente de innecesarios alardes y sin despliegue de virtuosismos ni exhibición de excesivos recursos técnicos, este soneto nos deslumbra precisamente por su extrema, pura, compleja y elegante sencillez» (Siles, 2021, 53-54).

23 La amada se identifica con la tierra en la que ha germinado la semilla de un amor absoluto.

24 Esta personificación de la tarde = tristeza se contrapone al alba como momento de esperanzada posibilidad de encuentro entre los amantes a lo largo de la jornada.

25 Desde el punto de vista léxico, encontramos reminiscencias garcilasianas: «amoroso», «rumoroso», «clamoroso». A ello se unen las alusiones a laurel y fuente, tan relevantes para el maestro del soneto.

Si te busco te encuentro en las auroras,
en el viento de tarde rumoroso,
o en lo oscuro que enciende el clamoroso
afán de hallarte cuando te demoras.

Vamos a caminar entre laureles
de jardines antiguos y añorantes,
con agua en surtidores por las fuentes

mientras las golondrinas siguen fieles
despeinando los vientos navegantes
que acarician besándonos las frentes.

XI[26]

Te amaré desde el mar y en las arenas
de los amplios espacios litorales,
escribiré tu nombre en los corales
penetrada de ti[27]. Y las serenas

soledades del mar estarán llenas
de tu voz que recuerda los metales
y de tu hermoso pecho en el que instales
el tibio corazón que me encadena.

Deslizaré mi nombre por la brisa
que levanta la hora vespertina
para que me recuerdes, tan lejano,

---

[26] A propósito del soneto IX, García Linares observa «El mar es el viento y es la brisa porque son estos los que llevan y traen los nombres, es decir, los que ayudan a recordar» (García Linares, 2020, 175).

[27] Se trata de un soneto de corte erótico conectado con la memoria, uno de los pocos poemas de Mariluz Escribano de este perfil.

y anudes tu sonrisa a mi sonrisa,
a través de los aires marineros,
para que yo te piense más cercano.

XII

Se conduele mi voz, se siente herida,
sola de amores, triste en soledades.
Si te busco en el viento te me evades.
Te adivino en el agua y, presentida,

tu figura en la lluvia va perdida
oscureciendo en mí las claridades.
Vuélvanse de tu amor las suavidades
al horizonte en niebla de mi vida,

para que yo me sienta renovada
y en ternuras el alma derramada.
Así mis manos quedarán serenas

por saberme de nuevo en ti sembrada[28].
Y alerta, vigilante y desvelada,
tendré mis horas de tus horas llenas.

---

[28] Nuevamente se percibe la lectura interpretativa de Garcilaso; en este caso, de la *Égloga I,* parlamento de Nemoroso: «¿Quién me dijera, Elisa, vida mía, / cuando en aqueste valle al fresco viento / andábamos cogiendo tiernas flores, / que había de ver con largo apartamiento / venir el *triste y solitario* día / que diese amargo *fin a mis amores*? / El cielo en mis dolores / cargó la mano tanto, / que a sempiterno llanto / y a *triste soledad* me ha condenado; / y lo que siento más es verme atado / a la pesada vida y enojosa, / solo, desamparado, / ciego, sin lumbre, en cárcel tenebrosa» (la cursiva es nuestra). Como en este caso, a diferencia de Nemoroso (que ha perdido a su amada Elisa), su enamorado no ha muerto, se identifica a la amada, si se diera la posibilidad del anhelado reencuentro, con tierra sembrada y propicia a dar fruto.

XIII

Rama de almendro altiva, interrogante[29],
sumergida en mis aires y en tu viento,
te recuerdo en el alba y te presiento
raíz profunda, atenta y vigilante.

Blanca paloma, eterna navegante
de tardes infinitas. Pensamiento
que busca su reposo en tu aposento
antes de que la noche se levante.

En ti me voy quedando cada día,
en olores o vuelos quebrantados
por las altas colinas transparentes.

En ti me reconozco en armonía
—dolores y tristezas olvidados—
en tus manos hermosas y pacientes.

XIV

Se adorna de tristeza el alto monte[30].
Sobre verde y morado las palomas
se quedan recostadas en las lomas
estampando de blanco el horizonte.

---

[29] La amante siempre se identifica con elementos de la naturaleza vegetal (rama de almendro), o bien con una paloma blanca (símbolo del alma pura, véase Cirlot, 1992, 353) y esa naturaleza es el escenario de los encuentros amorosos ambicionados.

[30] Nuevamente se percibe la construcción de las imágenes axiales del soneto a raíz de la inspiración tras la lectura de la *Égloga I* garcilasiana.

Deja el aire que el humo se remonte
con rumores y esquilas. Los aromas
de tierras y lentiscos son redomas
en las que se alimenta el sotomonte.

Allá abajo se duerme la neblina
rosado mar sobre los valles fríos,
última luz del sol que ya declina.

Y la noche, callando, se avecina
enarbolando, negras, en los ríos
las erizadas ramas de la encina.

XV

Piel sobre piel está el amor naciendo,
como trigo sembrado[31] que inaugura
en otoño los campos y madura,
hermoso y candeal, oros luciendo.

Bajo tu sombra, amor, estoy creciendo
con la lluvia en que alienta tu ternura
y que me deja, limpias de amargura,
las horas que contigo estoy viviendo.

Yo no sé lo que tiene de divino
este sentirte pleno de tibieza.
Cuando a mi soledad vienes vencido

y tus manos encuentran el camino
de abrirme el corazón a la belleza
tengo que reposarlo en ti, rendido.

---

[31] Retorna a identificar el amor y lo que implica el acto amoroso con la tierra fértil, en este caso comparándolo con trigo sembrado.

XVI[32]

Qué dorada de sol y que serena
está la tarde. Junto a tu estatura
se dibuja el paisaje y de dulzura
sostengo, amante amor, el alma llena.

Ya no hay más certidumbre que esta plena
sensación de tu abrazo en mi cintura,
y de tu corazón la fiel premura
de posarse en la piel que lo serena.

Tengo en tus manos, al olvido ajenas,
flores de primavera engalanada
que tejen del amor dulces cadenas.

Y el placer de tu voz en donde suenas,
seguridad de amando ser amada,
que corre en certidumbres por mis venas.

XVII[33]

Desmayo de la tarde hacia el poniente,
paso a paso la sombra descendiendo,
quebrada ya la brisa, oscureciendo,
cipreses en el agua de la fuente.

---

[32] Soneto centrado en la plenitud que otorga el amor en un paisaje natural, como es habitual en M. L. Escribano; *vid.*, para ampliar, Campos Fernández-Fígares, M. y Quiles Cabrera, M. C., 2020, 188-195.

[33] Luis Alberto de Cuenca opina que «la naturaleza como elemento objetivo establece una serie de vínculos con la psicología de la autora (elemento subjetivo), convirtiendo el crepúsculo evocado en el poema en una metáfora de las sensaciones y pensamientos que jalonan su ruta por la vida» (De Cuenca, 2021, 56).

Un temblor de hierba que se siente
herida soledad, siempre sufriendo
sin flor ni aroma, apenas si creciendo
socorrida de amor por la corriente.

Pequeña alondra que en el chopo canta
acunando la tibieza sobre el trigo
ajena a la alegría que levanta.

Del monte anochecido se adelanta
este olor a mastranzo que persigo
para verde collar de mi garganta.

XVIII

Hay un cantar de alondras por el viento
en la mansa quietud de la mañana[34],
y un repique lejano de campana
en la alta claridad con que te siento.

Porque eriges en mí tu pensamiento,
tu ternura me borda en filigrana,
y hay un desmayo leve que engalana
esta entrega total en que consiento.

Dulces horas amantes compartidas,
cuando todo es silencio por la tarde,
última luz de ocaso ya cumplida.

Vela la plenitud de nuestras vidas
la noche sideral en la que arde
una estrella fugaz y estremecida.

---

[34] Dialoga indirectamente con el poema «Mañana de primavera» de Juan Ramón Jiménez, recogido en *Baladas de primavera*.

XIX[35]

Azul, azul, volcada en los cristales
de cielo y mar sobre esta tierra dura,
me duermo refrescada en la dulzura
de la amarilla luz de los trigales.

Roja de sol y rosa de rosales,
rosada nieve blanca por la altura
en el verde del junco se madura
mi voz que canta sobre los mimbrales.

Viene la negra noche galopando
a pintarme de negro la tristeza,
de gris los ventanales golpeando.

Y hay una luz violeta de tibieza
por donde sale en júbilo apuntando
anaranjado sol en la maleza.

XX

Alga de mar o acaso caracola,
verdinegra o rosada, yo he vivido,
corazón que se siente presentido,
niña crecida en las arenas sola.

Y he pasado los vientos de la ola,
ardiente brisa, afán incontenido,

---

[35] Nótese en este soneto la trascendencia que se da a los colores inmersos en el territorio de lo vegetal.

buscando en tu calor el escondido
lugar de mi reposo. Y ya me asola

—tristeza y alegría— la existencia,
amando, siendo y viéndome colmada,
la posibilidad remota de tu ausencia.

Dame la mano porque estoy cansada
y requiero tu voz y tu presencia
para alcanzar la paz tan deseada.

XXI

Sola del cielo, amor, y abandonada
de sol a sol, tendida en el camino,
ocasos pasan sobre mi destino
sin que alcance la luz de la alborada.

Tu cuerpo, como un viento y una espada,
—lluvia de tarde donde me adivino—
briza mi voz para volver cansino
al olvido del tiempo. Y ya la nada

se instala en el paisaje, donde ausencia,
con muerte y con dolor, se ve colmada
para romperme a golpes la existencia.

Deja al rocío de tu madrugada
derramar en mi pecho su presencia
para gozar de él enajenada.

XXII

Vuelve mi voz con vocación de brisa
a cantarte a la altura de la frente,
para dormir en ella dulcemente
rendida y acunada en tu sonrisa.

Mi sangre, golpeada por la prisa
de llegar a ese puerto de tu mente,
vive, lucha y espera ardientemente
poner la flor donde la tierra pisa

tu sombra anochecida en que adivino
la pena sin consuelo de mi ensueño
por vivir en la paz de tu destino.

Dame la mano y vuelve a ser el dueño
de este amor que te ofrece su camino,
aunque triste y muriendo en el empeño.

Desde un mar de silencio

In memoriam
Luisa Pueo y Costa

Luisa Pueo y la pequeña Mariluz. Es la primera foto
de la que tenemos noticia tras el retorno a Granada en 1939.

En el niño el misterio es su mirada intacta[36]
que adjetiva la savia del húmedo futuro,
cuando alcanzar al hombre es nombrar la tristeza
y sentir como el tiempo suprime los pronombres.

El niño es el regreso a un espejo de hierbas
con senderos que surcan un sol indeclinable
que los pájaros vencen con sus vuelos oscuros.

El recuerdo camina con sus pasos de lino
por la laguna inmensa de sus puras pupilas,

---

[36] Coincidimos plenamente con Gamoneda en que «Comienza invocando la mirada intacta del niño. Otorga poder testimonial y visión del futuro a un ser elegido en razón de su inocencia y de la propia ternura de la poeta. Rozamos así dos capítulos de la clasificación: la realidad natural y la sentimentalidad. Y advertimos algo más. He destacado "intacta" para señalar un adjetivo debido a influencia detecta de la generación del 27 o, indirectamente del Barroco. Así es pero no como esperaba: la influencia ha de ser la del lenguaje "metálico" de Jorge Guillén. En cualquier caso, parecen claras la versatilidad (la riqueza) y la voluntad de Escribano: dotar con prudencia a su lenguaje de una semántica avanzada; la misma que reencontramos, aquí sí, con raíz lorquiana, en "los alfileres del agua que cosen mi boca / con heridas pequeñas" [...] Mi lectura reconoce aquí la voz desolada de una poeta de gran sensibilidad que recuerda la vida personal e histórica desde su compromiso con la tradición, pero también con el futuro. Interiorización de la realidad y sentimentalidad dolorosa están claramente en sus bases, en su conducta creativa, en su definición como poeta. Pero he hablado también del "silencio" titular» (A. Gamoneda, 2021, 37).

y como el mar regresa,
con vocación de ola,
a posarse en la densa penumbra
de los sueños.

Y es así que esta tarde,
cuando me miro y siento los puñales del tiempo
con esquinas de múltiples alfileres de agua
que me cosen la boca con heridas pequeñas
con sosiegos, silencios
y soledades claras.
Cuando no tengo a nadie a quien cantarle un verso
o darle una limosna de beso remansado,
con quien hablar de nada
con serena tristeza,
leo a Guillén[37] y pienso:
el amor fue mi casa,
quiero decir mi madre[38],
con sus andares lentos,
con su afanoso amor por ordenar la casa
y conservar la harina de los racionamientos[39],

---

[37] Se refiere a Jorge Guillén, autor de la generación del 27.

[38] Coincido con Morales Barba en que, en «Desde un mar de silencio», «todo se construye sobre esta etopeya emocional desde una introspección urgente huérfana y sin interlocutor en la elegía de una época, más allá de la propia figura maternal, a través de estas modernas troyanas, hijas o viudas de los vencidos. También de su grito, de su triunfo en ese amor a través del cual la poeta ensalza a la madre y levanta el pedestal. El elogio de quienes vencen acerca al horror con entereza y dan testimonio de una época» (2020, 127).

[39] A partir del 14 de mayo de 1939 y ante la ausencia de alimentos básicos se establece en España el uso de la «cartilla de racionamiento» que establecía cómo proceder al reparto de carne, legumbres, azúcar, aceite, etc., atendiendo a los integrantes del grupo familiar; dado que casi no había suministros —y además la calidad era ínfima—, para valorar la cantidad que se entregaba por persona, en aquel tiempo de infinita mise-

los retales,
los hilos
y la esperanza intacta.

Necesario es decir que mi madre cantaba.
Yo no sé si cantaba para olvidar escombros,
ruinas,
muertes,
tristeza,
guerras,
hombres,
palabras,
telarañas del tiempo,
sangre no regresada,
pero yo la miraba desde el patio llovido,
sentada en la terraza,
cuando el otoño alzaba una luz de madera,
y pensaba: es mi madre,
definitivamente,
y mi madre es mi casa.

Detrás de los visillos silenciosos y albos,
náufragos en el aura dorada de la tarde,
habitaba la luz insomne de mi madre,
su silencio de flor,
su soledad de pájaro.
Yo la miraba estar,
nunca quieta,
gozosa,
amasando la blanca pobreza de la harina.
Otras veces, tocaba, sosegada, el piano

---

ria se atendía al de hombres, mujeres y niños/as del núcleo de habitantes de cada casa, el trabajo al que se dedicaba cada cual o a su situación económica. Desde 1943 se establecieron cartillas individuales que perduraron hasta 1952.

o cosía con leve puntada primorosa
para evitar la dura miseria de las telas.
La casa era modesta,
pero mi madre hermosa,
con sus gráciles manos como ríos o arroyos
que trabajaban la inmensa desolación del tiempo.
Su cuerpo se poblaba de fantasmas insomnes
de tristezas de hilo guardadas en baúles
y recordaba siempre, con mirada de sueño,
la palidez de agua de su infancia de musgo.
La nostalgia era en ella sustancia de madera,
persistencia de algas sobre los ojos limpios.
Mi madre era la fuerza sideral de los hondos
caminos de la espiga alejada del agua.
Y es que yo la miraba desde el patio llovido,
cuando la superficie de la tarde moría,
y sabía que ella reposaba un momento
y leía despacio a Miguel de Unamuno[40].

Y ahora, cuando no vuelve,
cuando la busco y nada
presagia su palabra de inmediata costumbre,
desde el patio la llamo,
desesperadamente,
y solo el mar responde,
es decir, solo el viento,
quiero decir la brisa,
aquella que movía su pelo, levemente,
mientras la luz de otoño deshacía
la suave penumbra de los arces.

---

[40] El filósofo y prolífico escritor Miguel de Unamuno (1864-1936) había sido su profesor en la Universidad Central de Madrid.

Canciones de la tarde

porque el dolor cantando disminuye, cantaré la manera que era libre mientras Amor en mí no albergaba.

PETRARCA

CANCIÓN PRIMERA[41]

Este lugar en que a morir me siento,
junto a un agua de juncos y de olvidos,
es un lugar de sol y de caminos
abierto al aire del vivir sereno.
Junto a la fuente está el amor inmerso
en glaucas lejanías, desencantos.
Este vivir así llena de espanto
cuando no de infeliz melancolía.
Melancolía triste del olvido
sobre las jaras y los jaramagos:
todo el paisaje, en fin, de la nostalgia
sobre un fondo de azules campanarios.
La ciudad plena de bullicio engaña,
y nada es igual al otro día,
hoy es ayer y ayer melancolía
de lo que pudo ser y no haber sido.
Esta palabra así, la que me guardo,
la que no dice más porque se muere,
es un canto al amor que nunca hubo

[41] Hay una conexión con el poema de Eugenio Montale «Dolor de vivir»: «Frecuentemente hallé el dolor: vivir / era el riachuelo estertoroso, agónico; / la llama retorciéndose en la pira; / el cabello en la ruta, inútil, roto. // Placer no conocí. Solo el milagro / que obra la divina indiferencia: / la estatua erguida entre la somnolencia / tórrida, con la nube y el milano».

y que solo existió para la muerte.
Agónico el vivir para el olvido,
para el instante y no para la historia,
volver el rostro y solo ver la gloria
de morir en el mar inútilmente.

CANCIÓN DEL NO RETORNO

Te miras al espejo,
y un ser que sobrevive a la paciencia,
desnudo de cerezas
y cuarzos opalinos
te observa desde lejos,
porque sabes que el tiempo,
los ríos de las horas,
convierten al espejo en enemigo.

¿Dónde escondes tus ojos
de verde incandescencia,
enmarcados en tules,
que miraran alzarse
paisajes bajo el agua
de una niñez de lluvia y de jardines?

Oculta en algún sitio
la infancia no regresa,
perdida en la penumbra
que erigieron los vientos.

CANCIÓN DE LA DESESPERANZA

Si morirse no fuera inconveniencia
porque hacia el cielo brotan surtidores
y hay que andar por las lilas deshojadas

con las dulces violetas en las manos,
glicinias desmayadas por las frentes,
pisando crisantemos cipresales.

Si existir no costara tanto esfuerzo
porque el día comienza en la mañana
y no hay tarde posible para amarse,
ni suaves primaveras otoñales,
ni veranos inviernos que a las siete
desemboquen en agua contemplada...

Si vivir no implicara tanta pena
yo elegiría flores para el canto[42],
anémonas de mar para el retorno,
coronas de arrayán para mi muerte.

CANCIÓN A PROPÓSITO DE FRANZ LISZT

No es el viento el que invade el jardín esta noche,
es la música de Franz Liszt[43] al piano,
que como mariposa de ala enfebrecida

---

[42] Entronca con la tradición náhuatl donde ha quedado recogido que, siendo rey el poeta Tecayehuatzin de Huexotzinco, reunió a los poetas y príncipes más sabios para valorar qué era lo primordial para alcanzar la felicidad. Tras mucho deliberar determinaron que lo esencial eran las flores y el canto (tal y como se recoge en *Romances de los Señores de la Nueva España,* que se encuentra en la Biblioteca de la Universidad de Texas en Austin, folio 19v, «Solo con nuestras flores tenemos placer, / solo con nuestro canto desaparece / nuestra tristeza, señores, / con ellas se ahuyenta nuestro hastío». De ahí se deriva una profunda filosofía de vida sobre la que ha abundado León-Portilla (1984).

[43] Compositor y virtuoso pianista romántico austrohúngaro nacido en 1811 y fallecido en 1886. Autor de 13 poemas sinfónicos (y creador de este modo de concebir la composición musical —valga como ejemplo *Poème symphonique n.º 1, Ce qu'on entend sur la montagne),* destacan entre sus obras, la *Sonata para piano en si menor,* de 1853.

va dejando sus notas
y murmura en arpegios
traslúcidos, románticos, tristísimos y cómplices
sobre el verde mojado de las hojas,
y un frescor de inocencia trasminado
se acumula en el aire.

Es febrero y la lluvia ha descendido
y traspasa la hermosa desnudez de los arces,
mientras Lizst abandona
su mano bajo el agua.

CANCIÓN DE SEPTIEMBRE

Apresuradamente
llega el otoño hasta los arces
con pies de bailarina
por el aire.

Es septiembre. Ha llovido,
un penúltimo olor a hierbabuena
y un pájaro postrero
por el aire.

Qué agónico jardín para el recuerdo,
bordado en la madera de la tarde.

CANCIÓN DEL OLVIDO

No recuerdo tu nombre
aunque abejas libaran tu apellido
pródigas en la miel.
Desde el rincón del libro
donde habitaba el son de aquel poema

desprende polvo una flor.
Y el mar, que no se muere[44],
ha borrado la arcilla de tu nombre
para que no regrese
a mis labios de sal y enredadera.

CANCIÓN PARA TI

A Tadea Fuentes[45]

Sé que sabes nombrarme
en el encaje frágil del silencio,
y agradezco ese espacio que destinas
a recordar que tengo
identificaciones previas a mi ausencia,
mi total despedida.

Porque, a veces, las horas dejan lluvias,
sosiegos concentrados
en soledades hondas que transitan

---

[44] Reformulación de la idea lorquiana expresada en el último verso del *Llanto por Ignacio Sánchez Mejías:* «Duerme, vuela, reposa: ¡También se muere el mar!».

[45] Tadea Fuentes (Antas, 1925?-Granada, 2002). Discípula de la escritora y poeta Celia Viñas durante su etapa de estudiante en Almería, se trasladó a Granada donde inicia su carrera docente. En esta ciudad fue catedrática de Didáctica de la Lengua y la Literatura en la Escuela Normal de Magisterio y directora del departamento del mismo nombre. Fue quien contrató a Mariluz Escribano como docente en 1970 y, progresivamente se fue forjando entre ambas una gran amistad que las llevó a escribir obras narrativas a cuatro manos, como *Diálogos en Granada* (1995) o *Los papeles del Diario de doña Isabel Muley* (1996). Asimismo, ambas compartían el interés por la investigación sobre el folclore granadino de tradición oral y, con el liderazgo de Fuentes, un grupo de docentes entre los que se encontraba Escribano publicaron diversas obras recopilatorias de esta temática.

con vocación de página,
dejando sus heridas de cristal
en el pozo de tinta de mis manos.

Y aunque sé que no estás en este instante
en que busca su luz la madrugada
por las calles vacías de rocío
y ruido transeúnte,
tu voz frutal me nombra en algún sitio
y ya sé que me vives,
que persisto
en tus ojos de océano y madreselva.

Y si dices mi nombre,
el corazón de un pájaro dormido
palpita entre tus labios.

CANCIÓN DE LA SÚPLICA

Si mi voz no te alcanza puesto que estás dormido,
recréame en el mundo de tus mágicos sueños,
olvida como soy, edifícame en piedra
para que así tú puedas vivirme eternamente.
Cincelada por ti, inscrita en tu memoria,
por los siglos seré amor indestructible,
inamovible roca, enamorada y alta,
recogiendo el suspiro que tú quieras dejarme.
Si mi voz no te alcanza ahora que estás dormido,
no despiertes, amor, déjalo para luego,
soy tan frágil ahora que la lluvia me hiere.
Edifícame en piedra[46]. Suéñame inalterable.

---

[46] Trae a la memoria la sentencia de Jesús recogida en el Nuevo Testamento: «Tú eres Pedro y sobre esta roca edificaré mi iglesia» (Mateo, 16:18). La edificación en piedra implica una metáfora de perdurabilidad.

CANCIÓN DE LA TRISTEZA

Aquí está la tristeza.
No hay mar para abarcarla con latidos
de barcos por sus olas,
no hay albas más inciertas por sus bordes,
ni sueños que respiren
paisajes humanísimos y ocasos.

Porque está aquí y es solo la tristeza
de saberme mujer como manzana
asomada a la lluvia del espejo,
a una historia desnuda de relatos
y un pasado sin nombre y consecuente
y justamente azul, como debiera,
como debe erigirse en la memoria.

Ahora tengo una mano de marfil
y otra de ausencia
y ejerzo de tristeza y de noviembre[47].

CANCIÓN DEL SILENCIO

En las horas pisadas por las sombras
en un gesto final de despedida,
cuando es tarde y tardíamente escucho
esta niebla o canción que me regresa,
todos los muebles tienen

---

[47] Como se ve, la tristeza de la poeta está más cerca de la melancolía que de la aflicción. Ya ha apuntado Ángeles Mora que es «esa suave tristeza que nos lleva de la mano a la melancolía, que encierra belleza en sí misma, que es capaz de encontrar luz en medio de la nostalgia» (Mora, 2021, 61).

una poblada soledad de incierta
nostalgia telefónica.

Y los libros me miran
con sus ojos de octubre
y el cigarrillo clama
urgido desde el piano
con volutas que pasan,
transitan, me construyen
la palabra de amor en que trabajo.

Sobre la mesa, intacta,
la violeta de un nombre
que desprende una página.

Yo ya sé que es domingo
y que la brisa tiene una luz convocada
que me recuerda el mar.
Pero deja que guarde entre mis manos
limosnas de silencio:
siempre dejan sus huellas
espacios de rocío en la mirada.

CANCIÓN DE LA AFIRMACIÓN[48]

Mentira es, que yo no tengo nombre,
pues reniego de aquel que me pusieron,
que yo soy yo: mi sombra y mi esqueleto,
limpio de letras y de acentos limpio.
Y nadie me encadene o me suicide

---

[48] Es un poema de claro compromiso feminista, de autoafirmación de la identidad toda vez que hasta los años setenta las mujeres debían adoptar —era lo políticamente correcto en las estructuras burguesas— el apellido del marido.

aportándome un nombre que no quiero.
Porque soy viento de agua y hierbabuena
y mastranzo y espiga y cualquier cosa[49]:
pleamar que se mueve al mejor aire.

CANCIÓN DEL ÁLBUM

Estos ojos de lluvia[50]
que miraran atónitos las calles
los parques de los niños,
el patio de la casa
con canciones de esquinas y silencios
y acacias en las ramblas.
Estos ojos de lluvia que eran míos
hilaban tarde a noche la esperanza
de ser, permanecer siendo paloma,
o fruta o vegetal
en la pupila incólume del tiempo
que pasaba su mano imperceptible
envejeciendo el mar cada mañana,

---

[49] Juana Castro considera que «define su yo en dos realidades, la primera etérea y cambiante, mi sombra, y la segunda en lo corpóreo, pero en lo corpóreo más profundo y más íntimo, mi esqueleto. El poema continúa adjetivando esas dos realidades sustantivas a las que ella se acoge, su yo y su esqueleto: lo quiere limpio de letras y de acentos limpio. Sin apodos ni sambenitos [...] La primera parte del poema se construye en negativo: no soy, no quiero; la segunda parte en positivo, porque yo soy [...] Y finalmente, para rematar la frase, dice: y cualquier cosa. Pero ese "cualquier cosa", lleva dos puntos, y ahí la explicación o el eje de su identidad, la pleamar: momento en que el agua del mar alcanza su máxima altura dentro del ciclo de las mareas. Pero una pleamar que no obedece a nadie ni a nada, que se mueve al mejor aire: plena libertad» (Castro, 2021, 64-65).

[50] «Ojos de lluvia», o bien ojos de agua se refiere aquí a la mirada inocente de la infancia y primera juventud. La lluvia para ella tiene una connotación de pasado limpio, de pureza.

cuando el alba llamaba a los balcones
con su frágil distancia de la noche.

Estos ojos de agua, pensativos,
de una infancia dorada,
me miran desde el álbum de recuerdos
con una luz cumplida de inocencia.

CANCIÓN DE LA HUERTA[51]

Instalaras silencios,
pasaras, regresaras, volvieras
con tus pasos de espuma
por cristales tiernísimos de hierba
y las blancas veredas,
retornando
a la fragancia breve
de núbiles jazmines y mastranzos
como si todo fuera
una acequia de agua permanente
con sus flores del pato
saltando emocionada entre las rosas
y la verde tibieza de los musgos.

Porque nada regresa
yo recuerdo la tarde de la huerta,
las voces de los niños
como cantos de pájaros y abejas,
jugando en las higueras,
y que el primer cansancio coincidía
con la primera estrella

[51] Se refiere a la Huerta de San Vicente, residencia veraniega de la familia García Lorca desde 1925 hasta el fusilamiento del poeta.

y el coro descendido de los grillos
sobre el tenaz aroma de la tierra.

Y después era un sueño, simplemente,
otro juego de noche indeclinable,
orillado de estrellas,
con el ciprés erguido hacia la luna
y el corazón dormido entre las flores.

Era un tiempo de canciones y trigo,
con Federico ausente como un muerto[52].

CANCIÓN DE LOS ÁRBOLES[53]

En la luz de la tarde
yo sé que me recuerdan los árboles.
Los he visto crecer hasta mi altura
pasar de mi distancia desde el suelo,
levantarse en un vuelo repentino
y crecer cada hoja en cada rama,
hasta más verde parecer su sombra
en el azul turquesa de la noche.

---

52 Tras el análisis introspectivo de los recuerdos de infancia inmersos en el vergel de trigos, frutales o jazmines que era entonces la Huerta de San Vicente, impacta mucho la contundencia del verso último: «con Federico ausente como un muerto». Esa ausencia va más allá de la muerte (la clave está en *ausente como*) y alude a la imposibilidad de nombrarlo y —mucho menos— de leer sus obras.

53 La poeta y profesora Mari Ángeles Pérez López considera que en «Canción de los árboles», «consciente de hallarse en la tarde de su largo día vital, la poeta, que entonces contaba sesenta años, logra hacerse árbol y que el diálogo fluya. Por las venas de su cuerpo también sube la savia. Su lenguaje es vertical y horizontal, revela un trazado de raíces que se agolpan silenciosas bajo el suelo. En ellas reposa la memoria de la infancia, pero también el hallazgo de una voz que se entrega cuando escribe y morirá para ser libro. [Los árboles] alcanzan metafóricamente el espacio

Me miran desde arriba
y sonríen los árboles
porque saben que envejecen conmigo
y que podrán morir para ser libro,
como yo cuando escribo.

Pero ellos elevarán sus arcos,
poblarán los gorriones sus aleros
con un gozo frutal y alborozado,
y la savia que transportan sus ramas
despertará al invierno,
cubrirá de esmeralda su pobreza
mientras yo trasciendo
mis pensamientos en ellos,
lo que voy escribiendo en esta hora
dejando el corazón para mañana.

CANCIÓN PARA DOLORES[54]

Ahora que ya sedente
no conoces más tiempo que la infancia,
solo el sol introduce

---

del gozo y la alegría porque se alzan sobre el invierno, la carencia o la vejez. Elevan ramas y arcos, haciendo visible la belleza, dotándola de diversas gamas cromáticas, volviéndola oxígeno. En el límite entre la luz y la muerte, el árbol es pájaro y es arquitectura. Nos dice y contiene bajo su enseñanza vegetal. Trasciende los pensamientos de la poeta, que había defendido, desde el colectivo de Mujeres Universitarias de Granada, que no se talasen los árboles de la avenida de la Constitución. Palabra y acto. Ambos como formas de ser en la defensa de un patrimonio frágil e imprescindible» (Pérez López, 2021, 71-72).

[54] Se refiere a su tía Dolores Escribano, con la que convivía durante los veranos de su infancia en Pedrosa del Príncipe, que en los últimos meses de su vida padeció una demencia senil; la pérdida de la memoria era una circunstancia que siempre angustió mucho a la poeta.

sus luces de silencio
por las habitaciones que anduviste,
pues tus pasos tuvieron
el eco del trabajo,
y acude hasta tus manos
consolando la helada
tristeza del descanso.
Ya sé que solo hay frío
acunando tus dedos
que fueron incansables
en trigos y racimos,
y que descienden copos
de nieve en tus pupilas
que ayer fueran amor para los campos.
Y hoy, cuando conoces
que la vida es un viento
que desgarra las horas,
solo declina el polvo
sobre la casa sola,
donde muebles habitan
un suicidio de espejos,
mientras que tú, sentada,
conoces el olvido
que trasminan las lilas,
tan azules, tan tiernas,
mientras canta tu boca
lo que tu amor recuerda.

CANCIÓN DE LA DESPEDIDA

Camino hacia el silencio[55], recordando,
dejando atrás cerezas y manzanas[56],
lluvias que fueron hilos de inocencia,
transparentes octubres y distancias.
Entre otras cosas, mar.
Fuera quedando el alma, sin nombrarlo,
en el aire sin fin de las mañanas,
cuando otoño prolonga sus canciones
en esas bocas dulces de muchachas
que aprenden a besar de otra manera
cuando las olas llegan y sucumben
al amor trasminado entre la arena.

Yo sé que voy camino del olvido
y dejo atrás, paciente, los frutales,
las sombras y las fuentes, los cipreses,
rosas con su perfume quebradizo,
hierbas como cristal en el silencio,
rocío en el jardín que abate el frío.
Y sé que miro al mar y me despido,
y digo adiós a todo lo que pasa,
lo que tiene un vocablo.
Y nombro despaciosa, con deleite,

---

[55] La autora se sitúa ante lo que supone el paso del tiempo («camino hacia el silencio»), la posibilidad de cercanía de la muerte desde un vitalismo y un claro amor a la vida: «Yo sé que voy camino del olvido / y dejo atrás, paciente, los frutales, / las sombras y las fuentes, los cipreses, / rosas con su perfume quebradizo, / hierbas como escarcha en el silencio, / rocío en el cristal que abate el frío. / Y sé que miro al mar y me despido, / y digo adiós a todo lo que pasa, / lo que tiene un vocablo».

[56] Con este verso, «dejando atrás cerezas y manzanas», se refiere a la infancia y lo que ella conlleva: la limpia inocencia de la niñez.

por si acaso mañana fuera inútil
asomarse al escombro del crepúsculo,
enmudecer al borde de la noche.

CANCIÓN PARA FEDERICO[57]

Volverá con los trigos:
cuando la tierra cierre los surcos del arado
y levanten almiares los hombres con sus bieldos,
y todo el aire tenga un silencio de alondras
pálido como el alba tristísima del tiempo.

Como una gran marea volverá con canciones,
como una suave brisa despeinando las frentes,
como un dolor de octubre que se presiente y tiene
dorada la sonrisa tiernísima del árbol.

Volverá Federico con su voz en la mano
como un arcángel dulce de espigas y sonrisas.
Desde el balcón abierto a la herida de la tarde
dejará un crepúsculo de negras golondrinas.

---

[57] En *Canciones de la tarde* hay dos poemas dedicados a Federico García Lorca: la «Canción de la Huerta» y esta «Canción para Federico» desde su compromiso con el rescate de la memoria más verdadera del poeta que —para ella— es la asociada a la tierra y al territorio lorquiano de la Vega y sus pueblos de referencia: Fuentevaqueros y Valderrubio. Cfr., para mayor abundamiento, R. Sánchez García (2019), *op. cit.*

Ella, desde su optimismo militante, defiende que Federico regresará, ya vivo en su obra, a los lugares más emblemáticos de su vida con constantes guiños a poemas o versos reconocibles del escritor de Fuentevaqueros (el «silencio de alondras», la «brisa despeinando las frentes», la figura del «arcángel», el «balcón abierto», la «herida de la tarde»...).

CANCIÓN DE LA CARTA

Edifico tu nombre cuando escribo,
con palabras que tratan de eludir la distancia,
esta carta sin nombre y consecuencia,
sin más finalidad que pronunciarte
en el cristal del aire de la noche.
Y como es imposible
qué levísimos pétalos te envíe
de las flores que amo,
ni siquiera su aroma,
reconduzco tu nombre hasta mi pluma,
lo escribo hasta saciarme,
y recuerdo y regreso
tus manos de alabastro,
esa voz a través de las cerezas
convocada en tu boca.

Solo tu huella queda
impalpable en las cosas que pretendo,
que quise una mañana,
cuando el sol anegaba los paisajes
y el agua navegaba
por sótanos de octubre,
cantando ya, cantando,
la última nostalgia del otoño[58].

---

[58] «La última nostalgia del otoño» es metáfora de que la poeta siente que ha pasado su madurez (la madurez se identifica con el otoño) para avanzar al siguiente estadio vital.

CANCIÓN DE LA ESPERANZA

Es posible que piense,
telefónicamente esperanzada,
que me vas a citar en una esquina
de ruido y de semáforo
porque es tiempo baldío
el estar sobremano en la ventana,
contemplando las lilas y el ocaso,
lo fugaz de la tarde,
como si es que las luces regresaran
mañana con su prístina belleza
y no fueran ausencia irremediable
para siempre y los siglos.
Hoy es ya irrepetible[59], lo sabemos,
aunque voces cumplidas canten luego
paisajes bajo cielos semejantes.

CANCIÓN DEL PRIMER AMOR

Quién negará que la ternura existe
en el párpado azul de la memoria,
pues fue hierba el amor
cuando nacido,
cuando apenas crecimos y desnudos
de circunstancia ajena a nuestra dicha,
encontramos adelfas y jardines,
descubrimos el mar.

Ahora solo hay silencio.
quizá es que no recuerdas,

---

[59] «Hoy es ya irrepetible» es una llamada a aprovechar el tiempo, al tópico del *carpe diem*.

o es que, acaso, olvidaste las acacias,
espuma de la tarde,
qué alocado verano nos vencía
cerrándonos la puerta para el beso
que no pudo triunfar
aunque de labios fuera la impaciencia.
Los ríos de la calle confluían
convocando silencios en la plaza,
y allí estaba el amor
y era septiembre
en la redonda luz de las acacias.

CANCIÓN PENSATIVA

Son apenas las ocho:
quiere la tarde entrar
con sus verdes pupilas entreabiertas
hasta el lugar que escribo,
desgranando su rostro incandescente
por la muerta ceniza de la casa.
Y recuerdo mis labios que besaran la fruta
detenida en el tiempo,
mis ojos enredados
en lo que fuera mar recuperado
vegetalmente en alga,
cuando nadie me dijo
que la tarde escapaba,
definitivamente convertida en silencio,
con urgencia de acequia que desemboca en ríos
de ciudades lejanas.
Ahora, porque laboro con vocablos de cera
la historia que me envuelve,
regresada,
tengo herida la mano
que vacila,

desarbolando el verso
que pretendo tender en la distancia
entre hoy y aquel día.
Y es difícil alumbrar la palabra
que acude, me provoca,
me hurta la manera de evocar
aquella luz extraña en la plaza.

Desde los papeles regresan, demorando,
las voces ateridas de los pájaros
en la frente de bronce de la tarde.

¿De qué dulce mañana es trascendida
esta luz convocada?

CANCIÓN DE MALENA[60]

(Porque la noche tiene una tristeza
que no cabe en la mano.)

Quién pudiera llorar bajo el planeta,
párpado enamorado de la noche,
y no entre dos tragos y este tango
que arrastra la vejez por la nostalgia
en que la pena densa de Malena baila[61]
por la oscura penumbra de la copa[62].

---

[60] Este poema está claramente influenciado por dos tangos: *Malena,* al que le puso voz Juan Carlos Miranda, y *Mi noche triste,* cantado por Carlos Gardel.

[61] Algunos expertos consideran que el tango *Malena* se inspira en Malena de Toledo (nombre artístico de la cantante de tangos Elena Tortolero, hija del cónsul español en Porto Alegre).

[62] «la oscura penumbra de la copa» conecta con en «Mi noche triste» donde hay un fragmento de la letra donde se dice: «para mí ya no hay consuelo / y por eso me *encurdelo.* / pa' olvidarme de tu

CANCIÓN DEL JUEVES

Este vivir así, tan dulcemente,
recordando mi casa y otras cosas,
mientras la luz de hoy es la de siempre,
tan clara y tan violenta por las calles.
Este andar por lo andado, como un sueño,
y volver a los jueves de mi infancia[63],
y encontrarme con todos los amigos
que me embroman alegres la estatura.
Este sentirme así me pone triste,
me duele en algún sitio, no sé dónde,
porque pienso que es jueves y he perdido
en un rincón del tiempo la alegría.

---

amor». *Encurderlarse* (o cogerse una curda) significa coloquialmente emborracharse.

También se perciben las influencias de *Malena,* donde se canta: «Malena tiene pena de bandoneón. / Tal vez, allá en la infancia, su voz de alondra / tomó ese tono oscuro del callejón, / o acaso aquel romance que solo nombra / cuando se pone triste con el alcohol. / Malena canta el tango con voz de sombra; / Malena tiene pena de bandoneón».

[63] Encontramos una clara conexión con la infancia descrita en sus memorias, donde el jueves por la tarde se convierte en un día festivo y de reencuentro con la familia López García (en especial con su hija Carmen). Así, dice en *Sopas de ajo:* «los jueves de aquella primavera que se resistía al verano, olían a fruta, a manzanas, por los caminos radiales de las huertas, veredas diseminadas en la Vega de Granada, que conducían a los paraísos abiertos y húmedos de los caseríos por los pagos de tierras calmas [...] olía a un suave y persistente aroma de manzanas y del jazminero descendían lentísimas flores blancas en los crepúsculos del aire de los campos. [...] Y los niños, felices, ajenos, huérfanos de la guerra, jugábamos al aro, hacíamos navegables las acequias, mirábamos el mundo nocherniego y pálido de las constelaciones, trepábamos a los árboles, hacíamos pequeños ramos de mastranzo, convertíamos la vida en esperanza germinal. Las madres y los abuelos nos escuchaban crecer» (2001, 91-94).

CANCIÓN DEL JARDÍN EN INVIERNO

Reducto de sosiego
el jardín despojado
de todo aquel candor que floreciera
en ruiseñor, almendra
del álamo versátil.
¿Qué sueña el surtidor
sobre la gris penumbra?
¡Qué palomas ausentes!
Cómo duele el perfil de aquellas hojas
que ayer fueran primor y hasta osadía.

El humo de la tarde se recoge,
con perfil de silencio
en el jardín que habita la memoria[64].

CANCIÓN DE PARÍS

Y nadie canta o grita o habla o llora[65].
El silencio se adensa como nube,
el invierno me llama a la ventana
y la lluvia se enciende en arrayanes

---

[64] La idea del jardín como espacio ocupado por los recuerdos, esa memoria que para ella enlaza con otra vida donde, desde la ingenuidad que supone la niñez, no tenía grandes preocupaciones, se reitera frecuentemente en la poética escribaniana. Ese «jardín en que habita la memoria» da título a la primera parte de su último poemario, *Geografía de la memoria,* y es clave en el poema «Entre visillos»: «Primero descansó en la fuente de mármol/del jardín en que habita la memoria» *(Geografía de la memoria,* 2018, pág. 11).

[65] Téngase en cuenta la importancia que tiene el polisíndeton que marca el ritmo del primer verso.

doblegando a la luz.
Brisa de amor incandescente llena
la tarde de jazmines,
y hay un viento del norte que transfiere
nostalgia de París en mis estancias.
¿También llueve en París? Acaso llueve[66].
Aquel perfume a bulevar desnudo
transita por Granada.
(París es una historia de hace tiempo,
un sueño recordado en la mañana.)

CANCIÓN DE LA PREGUNTA

Me pregunto quién soy y en qué memoria
habitada de olvido
nació mi voz poblada de palomas,
si es que, acaso, crecí como un silencio,
un abandono frágil de la historia,
como un mar que rehace, acompasado,
la ternura que borraran sus olas.

Que alguien diga, sucintamente serio,
en qué fecha nací para el olvido[67],
en qué memoria de cristal se encuentra
este ser que soy yo y abandonado.

---

[66] Dialoga con su soneto I, incluido en *Sonetos del alba,* dedicado al pintor Manuel Ángeles Ortiz: «Mientras llueve en París, duerme Granada».

[67] La búsqueda de la identidad, no solo propia, sino de las mujeres de su generación era una preocupación constante para Mariluz Escribano, tal y como se refleja en este poema. La antítesis memoria/olvido se repite con frecuencia, como se puede observar.

CANCIÓN DEL ANCIANO

Desde el sillón cubierto de ceniza,
¿qué nubes te coronan la cabeza
y qué voces frutales te acompañan,
cuando escuchas tu soledad de almendro
y apenas si te atreves a mirar el silencio
que como piel te acoge?

Pero,
¿dónde está el mar y sus orillas?
¿Acaso ha muerto el mar?[68].
Escucha:
ya sé que estás vestido de paciencia,
sé que sabes nombrar y que te cuesta
acercar la palabra que como pez se escapa
de tu sabiduría, y recobras
una luz de impaciencia cuando encuentras
al fin la forma de expresarte
o de nombrar tu infancia
donde habitaba el sol que no has perdido[69],
adornado de ubicuas mariposas.

Serénate, te escucho:
¿qué pájaro olvidaste?

---

[68] Aquí encontramos un cambio con respecto a la «Canción del olvido». Si entonces afirmaba «Y el mar, que no se muere / ha borrado la arcilla de tu nombre [...]», frente a la aseveración lorquiana expuesta en *Llanto por Ignacio Sánchez Mejías,* ahora ya manifiesta la duda.

[69] Hay un recuerdo al papel encontrado en el bolsillo de Antonio Machado (sus últimos versos: «estos días azules y este sol de la infancia...»), en concreto, a la segunda parte, «este sol de la infancia». Aquí el protagonista, un anciano con alzhéimer, se apoya casi exclusivamente en la infancia (por eso no ha perdido el sol de aquellos días), dado que la memoria remota es la última que se va disipando con la enfermedad.

CANCIÓN DE LA CIUDAD[70]

Alguien me esconde los zapatos,
las huellas y el perfil de la pisada
de los pasos que anduve por Granada.
Y ahora, cuando transito,
fugitiva y afín a la nostalgia,
desterrada,
con voluntad de yedra que regresa
insistente,
no hay cera en el asfalto
que recuerde que, sin embargo, fui,
impenitentemente transeúnte,
libre por las aceras de sus calles,
cuando las madrugadas
extendían aljófares de lluvia
o de nieve dejaban un espejo,
que anduve por sus piedras
demorando mis ojos por sus nombres,
pisando sus arcillas,
nombrando a las palomas,
aprendiendo sus plazas
y el vegetal aroma de sus árboles,
como el que sabe con demorada certidumbre,
que la ciudad es su casa,
irremediablemente y para siempre.

---

[70] Es de los pocos poemas de Escribano que conectan directamente con lo que supuso en España la tendencia hegemónica de los años ochenta y noventa, la «Poesía de la experiencia», en cuanto a argumentario. Se desliza sutilmente, sobre todo en la primera parte, la lectura reelaborada, a su modo más cercano a lo vegetal, de *Habitaciones separadas* de Luis García Montero.

CANCIÓN DEL AMANECER

Cuando no queda nada y siento frío.
Cuando no se oye nada, ni un silencio.
Cuando[71] todo está oscuro y amanece,
amanece y me inunda la tristeza,
y es igual este día al otro día
y es igual este amor y aquella tarde,
yo no encuentro voz nueva que ponerme
para que alguien escuche mi palabra.

CANCIÓN DE LA VOZ

Esta noche de copa y de silencio,
cuando escribo a la luz de la nostalgia,
el corazón conoce que la ausencia
es un hueco o vacío permanente.
Y mientras el silencio que se adensa
deja suave ceniza entre mis manos,
sé que nunca mañana será tarde
para encontrar la voz que me regrese[72].

---

[71] La anáfora temporal de los tres primeros versos *(cuando)* busca remarcar el momento en que se produce el sentimiento —aquí sí— de tristeza; y la que afecta al quinto y sexto *(y es igual)* quiere relievar esa sensación de reiteración en el hastío en que se halla la voz poética. Sucede igual con la anadiplosis *(amanece),* que logra la eficaz concatenación discursiva.

[72] El poema se escribe desde la nostalgia aludida en el segundo verso, pero con la esperanza de encontrar otra vez un amor verdadero, ese que da vida, encubierto detrás de la metáfora «la voz que me regrese».

CANCIÓN DESDE LA COLINA

Más allá del balcón, el campo abierto:
al norte España, al sur mi geografía[73].
Y en el jardín de mi interior oscuro
el punto exacto, cardinal y antiguo.
Al este no había nada, era mentira
inventada por alguien insolvente,
y el poniente era solo una penumbra
que acompañaban pájaros insomnes.

CANCIÓN DE LA LLUVIA

Desemboca oceánica la lluvia
con corazón de nube
y perfil de muchacha,
pálida como la sombra
fugitiva de un pájaro,
como lágrima frágil
de tristeza inmanente.
Nos inunda la lluvia
y todo un mar desciende
de vendimias y frutos,

---

[73] Está escrito desde el jardín de su casa, en la cumbre de la colina que es El Serrallo, una urbanización granadina y, de ahí, el título. El principio es un homenaje a Gloria Fuertes con quien Escribano mantuvo una cordial amistad (de hecho, Gloria vino dos veces a Granada como invitada de Escribano y también participó en los cursos de verano de Fuengirola) desde mediados los años setenta, sustentada más tarde especialmente en llamadas telefónicas durante los años noventa. También le dedica el artículo «Poeta de guardia» *(Ideal,* 19 de diciembre de 1998) con motivo de su fallecimiento.

y hay un viento impalpable
porque un dios nos impone
la humedad de sus manos,
y solo la lluvia se oye,
solo la lluvia canta,
y el silencio se expande
adensando las horas,
contenida en la enorme
soledad de los pájaros.

CANCIÓN DEL DESAMOR

Ahora, cuando recuerdo
tus labios de cereza,
vagabundos de amor entre las calles,
y la dulce penumbra de tus ojos,
viajeros del ocaso.
Cuando sé positivamente cierto
que no hubo corazón más traspasado
que el que yo te ofrecí,
escríbeme una carta
o llama por teléfono
para que alguien recoja mi persona
que dejo abandonada en el asfalto
donde los coches claman
su impaciencia fallida en el semáforo,
y los hombres soportan
su soledad de estatua indiferente.

Y si alguien me encontrara
con los ojos cerrados,
aunque caballos lancen mi corazón al cielo,
será que ya estoy muerta
y alguien me dejará una flor en las manos.

CANCIÓN DEL LIBRO

Soledad y madrugada
y un libro que bosteza
la amarilla ternura de la página.
Alguien, en tiempo sucedido,
posó allí la mirada
y fue fruta de amor y compartida
la palabra.
Únicamente el libro
es memoria de todo lo que pasa,
lo que sucede y acaso no regresa
más que en la perdurable,
vegetal persistencia,
blanca paciencia de los árboles.

CANCIÓN POSTRERA[74]

Y yo creí que el tiempo era de oro
o de marfil sereno y lejanías,
escuché las campanas de la aurora
o las campanas de la atardecida.
Y sentí que por algo se podía
morir un poco con mirada alta,
con sereno mirar sobre las cosas,
y nada fue verdad y sí mentira.
Y nadie construyó nada por nadie,
y solo soledad quebró la vida.
Ahora miro atrás y la asombrada

---

[74] Sensación de decepción y desaliento final ante lo vivido cuando se acerca la muerte. La voz poemática, presa de una desesperación inmarce-

sonrisa por ayer se quedó yerta.
Y nada es como el sueño inalcanzable,
y nada edificaron estas manos.
Mis manos de cristal, tan frágil nido
para el amor o para el desengaño.
Desembocó mi sangre hacia la nada
y mi vida en el filo de la espada,
sobrenadando el fin de la memoria
quebró la luz de la existencia mía.

---

sible, reflexiona sobre lo vivido y lo sentido para llegar a la conclusión de que el mundo es pura apariencia y fingimiento («Ahora se mira atrás y la asombrada / sonrisa por ayer se quedó yerta») y que, a pesar de la ambición de construir proyectos de vida desde un compromiso humanista («Y sentí que por algo se podía / morir un poco con mirada alta, / con sereno mirar sobre las cosas, / y nada fue verdad y sí mentira. / Y nadie construyó nada por nadie»). A la postre ningún esfuerzo ha servido para lograr lo que pretendía: «Y nada es como el sueño inalcanzable, / y nada edificaron estas manos». Únicamente se mantiene a flote la memoria, lo que viene a enlazar con lo que supone su siguiente poemario de dieciocho años después, *Umbrales de otoño*.

Umbrales de otoño
(Versión definitiva)

Mariluz Escribano en un acto literario en los años noventa.
Cortesía de *IDEAL. Diario Regional de Andalucía.*

NOCHE

Ahora que es de noche
y solo me acompañan
las rosas desvaídas
con sangre de diciembre,
y en la ciudad se abren
los ojos del insomnio
tras las ventanas ciegas
de gentes sin historia,
me pregunto si es tarde
para empezar mañana
a recordar las fechas
de antiguos calendarios[75].

COMO UNA LUZ EXTRAÑA

Como una luz extraña que inundara
la casa de alegría,
mi madre trabajaba entre papeles,
libros, lapiceros y bordados.
El tiempo, escondido en los relojes,
daba su son pausado:

---

[75] Con este poema se inaugura la etapa más rotunda de la necesaria recuperación de la memoria colectiva en la poética de Mariluz Escribano. Nótese la alusión a diciembre, mes de su nacimiento.

eran las diez en punto de la noche
y el cansancio doblaba su cintura.
Içí París[76] sonaba en una radio triste.
Los trabajos del día terminados.
Ahora a esperar al sol
dentro del sueño.
Muy temprano las horas trabajaban
entre textos y cestos de costura.

HA VENIDO EL OTOÑO

Ha venido el otoño, ¿lo recuerdas?
Madre, ¿te acuerdas del otoño?:
últimas rosas de la Huerta[77],
los álamos dorados, aquel prado,
la lluvia en la ventana, los silencios
aislándonos del mundo y sus quehaceres,
la voz del vendedor que se perdía
dolorida y cansada
en la grisura azul del patio
entre las voces blancas de las niñas
que jugaban al corro:
«A la flor del romero,
romero verde...
Si el romero se seca
ya no florece...».
Madre, no sé si lo recuerdas.

---

[76] Hace referencia a la frase con la que se iniciaba un programa de Radio París, la emisora de los exiliados en Francia. Se trata de una reelaboración simplificada de *Desde un mar de silencio*.

[77] Enmarca la llegada del otoño en el paisaje de la Huerta de San Vicente y lo asocia a la infancia, rememorando una canción infantil de corro que pertenece al folclore popular, *A la flor del romero*.

YO NO SÉ SI RECUERDAS

Para Luis García Montero[78]

Yo no sé si recuerdas los jardines,
el camino del mar que era aquel río[79]
desmemoriado y pobre.
Si la infancia volviera hasta tus ojos,
si acaso regresaras, si regresas,
descansa el pie bajo el laurel antiguo,
detente ante las rosas invernales,
recupera una infancia de arboledas,
antes de entrar al templo de los dioses.
Que el tranvía te diga
adiós con un pañuelo,
que compartas la música del pájaro,
sin olvidar que esta ciudad es triste,
melancólicamente desnutrida,
con la ruindad del mundo en sus zapatos.
Si volvieras, al fin, si regresaras,
eleva la mirada hasta la altura
y sueña una ciudad que tiene un río
que te hizo almirante sin saberlo.

---

[78] Luis García Montero (Granada, 1958) es un poeta, crítico literario y catedrático granadino. Su obra supone un pilar esencial de «La Otra Sentimentalidad» (primero) y de la «Poesía de la experiencia» después. Entre sus poemarios primordiales destacan Diario *cómplice* (1990), *Habitaciones separadas* (1994), *Completamente viernes* (1998) o *Un invierno propio* (2003). Amigo muy apreciado y escritor muy valorado por M. L. Escribano, lo hace destinatario de este poema. Tal y como apunta acertadamente, Scarano, para Mariluz Escribano, «el destinatario funciona como su *alter ego:* ambos han perdido una ciudad y han ganado una memoria que se restaura por la palabra poética» (2020, 109).

[79] Se refiere al río Darro, uno de los tres de Granada.

PALABRAS

Con esa claridad del frío
con que algunas palabras envejecen,
dejando los espacios del silencio
en relojes de arena,
las soledades llegan y se instalan
en las conversaciones,
en las calles heridas por las sombras
donde las gentes, mudas,
ni se conocen ni se nombran
y acomodan sus pasos
a las prisas del agua.

Igual que las palabras envejecen,
la soledad nos pisa los talones.

SEPTIEMBRE

Septiembre y amanece
con la amarilla luz de los veranos,
con un rastro lejano de tranvías
circulando por calles y por plazas,
jardines de pobreza
de una ciudad con nombre de granada,
y pálidos viajeros,
de norte a sur cruzando
aquel sol de la infancia[80],
aquel día de luz
escapado de un atlas.

[80] Nuevamente se alude a los versos machadianos encontrados en el bolsillo de su chaqueta tras su muerte en Collioure.

Septiembre y anochece,
los niños, deslumbrados,
sueñan con adjetivos[81].

CANCIÓN PARA UN NIÑO CON SUEÑO

Pequeño niño, dulce asombro,
palabra,
estancia y primavera y abril en tu sonrisa.
Duermes y encierra el mundo
en un fanal el cielo,
y ríes, si despierto, juega el sol en tu párpado.
Por ti en mis manos crecerán los bosques,
maderas de maniguas, constelaciones blancas
en las noches oscuras
y pájaros al alba
con la miel de sus trinos.
Para ti buscaré
la aventura de octubre
luz de abril por los parques,
los oscuros silencios del acero,
los barcos de papel sobre los ríos,
la bella curvatura del acanto
en el jardín que duerme
con silencio de frío.

Niño, palabra inerme,
indefenso vocablo y una risa
que hace brotar el agua de las fuentes,
palidecer las rosas.
Duerme, silencio, niño,
que la noche se acerca
y araña los tejados.

---

[81] Los dos últimos versos hacen referencia al inicio de septiembre, cuando empezaba la etapa escolar para los niños de Educación Infantil y Primaria.

BUENAS TARDES

Para Eduardo Carretero[82]*,*
escultor en Chinchón

Buenas tardes, Eduardo, amigo mío,
desde un otoño de cipreses
con olor a membrillos desprendidos.

Aquí no pasa nada, solo el tiempo.
Han venido las nubes y la lluvia
y el verano se muere por momentos.

Te imagino quedándote en la piedra,
oteando alcores por minutos,
edificando frentes en granito.

Dime si floreció el almendro,
si los cipreses crecieron en altura,
si la yedra cubrió el patio encalado.

Te abrazo desde ayer, desde mi infancia
y te envío un saludo por la brisa.

---

[82] Eduardo Carretero (Granada, 1920-Chinchón, Madrid, 2011) fue un prestigioso escultor granadino residente en Chinchón. Tras sobrevivir a un campo de concentración después de haberse exiliado tras la Guerra Civil, retorna a Granada primero y, una vez casado con Isabel Roldán, se traslada a vivir a Chinchón en 1949. Mantuvo con Escribano una amistad de más de cinco décadas. Suyas son obras tan relevantes como el monumento a Santiago Ramón y Cajal instalado en la puerta del hospital del mismo nombre, las obras escultóricas de los templos de San Enrique y San Francisco Javier (Pamplona) o *Piedad*, la obra de homenaje a los asesinados en la Guerra Civil que se encuentra en el Cementerio de Granada. Dicha escultura la realizó a petición de Mariluz Escribano y la donó a la ciudad.

INVITACIÓN PARA VALERIA

Acaso tienes forma de recuerdo,
niña dorada de los ojos de agua,
y hasta mí te aproximas o te alejas
como un sueño de frutas.

¿Recuerdas, di, recuerdas
el verde del naranjo
tan quebrado de luz y las canciones
que trenzaban tus pasos
con un gozo impreciso de tristeza?

Vuelve, regresa aquí,
tráeme en las manos
la marea del agua
—hasta mi soledad y tus silencios—
con música de vals o de paloma.

1936[83]

Para Agustín, mi padre

Lámina de septiembre:
un aire de membrillos y manzanas
circulaba entre almiares,
y en el ciprés un pájaro despierto
alertó con ternura la descarga.

---

[83] Aunque figura en *Umbrales de otoño* antes de «Los ojos de mi padre», este poema es posterior. Fue escrito a finales de los años ochenta.

Tus ojos, ya estrellados y dormidos,
olvidaron las últimas
heridas de la pólvora en el aire.
La mariposa de la madrugada[84]
aproximó el olvido en un instante
cuando mármol tu sangre,
ya cereza en tu boca.

LOS OJOS DE MI PADRE[85]

Los ojos de mi padre,
los ojos de mi padre,
mirándome en la patria cereal de los trigos,
en un tiempo de cunas
mecidas por el viento de la guerra,
mirando cómo crezco
en los abecedarios
y conquisto sonidos primitivos,
balbuceos, palabras necesarias,
porque él me empuja y vuelve,

---

[84] Hay que hacer notar la contundente fortaleza de la concatenación de metáforas para referirse al momento del asesinato. Ese «aproximó el olvido en un instante», que era lo que más la angustiaba, la impele a concentrarse en la recuperación de la memoria de los muertos.

[85] Su poema más conocido. Raúl Zurita lo considera «una de las elegías más conmovedoras que nos muestra nuestra lengua y, a la vez, es la humanidad entera la que se hace allí presente porque no se mata a un hombre una sola vez, se lo mata infinitas veces, se lo mata en cada minuto y segundo en que ya no está y en cada centímetro de la tierra que ya no pise. Se lo mata frente a los otros muertos y frente a los ojos llorosos de los vivos. Si este poema de Mariluz Escribano nos conmociona es, entre muchísimas otras razones, porque la poesía no puede oponerle a la vastedad del crimen, sino el hilo extremadamente delgado y tenue de su amor y compasión, como también de un posible, hipotético consuelo que todos necesitamos por nuestros propios caídos, por nuestros ejecutados, por nuestros desaparecidos» (2021, 31).

desde su corazón y sus espigas,
su corazón de tierra y manantiales,
patria de tierra y gritos apagados.
Mi padre es un silencio
que observa cómo crezco[86].
Sus manos me conforman,
me miden la estatura,
la dimensión del cuerpo,
averiguan gozosas
que me elevo en trigal.
Las manos de mi padre
tocan mi cuerpo y cantan,
y yo sé que me acunan
con nanas de caballos,
con la salmodia triste del judío,
del converso que habita por su sangre.
Pero paseo con mi padre.
Abandono en sus manos
mis manos tan pequeñas,
y al calor de su sangre
mis pulsaciones tienen
una ambición de tiempos.

En las luces inquietas de la tarde,
al borde de la noche,
vamos pisando hierbas, territorios,
ríos como torrentes, manantiales,
horizontes donde la niebla habita,
paisajes metalúrgicos y bosques,
ciudades, vientos, cordilleras,
blancas constelaciones.

---

[86] La opinión de Scarano es que «Si la madre es la casa como correlato objetivo que expresa la presencia, el padre constituye la falta, el vacío. Es una ausencia que atruena en los poemas que le dedica. Es el "desconocido", aunque lo sienta parte de su ser» (2020, 108).

Camino con mi padre.
Me nombra a las palomas,
pájaros migratorios,
aguanieves que rozan las praderas,
alcaudones de viento,
golondrinas, gorriones, avefrías.
Y todo pasa y llega de su mano,
y a mi infancia regresa
el calor confortable de su sangre.

Cuando llegan los días de septiembre[87],
láminas del otoño,
las madrugadas frías y estrelladas
detienen sus palabras.
Pero es solo un instante
de sangre y de fusiles
porque mi padre vuelve del silencio[88]
y pasea conmigo
el callado silencio de las calles,
y los campos sembrados
y las constelaciones,
y su voz de madera me acompaña,
me mira cómo crezco.
Todo el mundo conoce
que heredé de mi padre una bandera.

---

[87] Referencia a la fecha de su fusilamiento, la noche del 11 al 12 de septiembre en las tapias del Cementerio de Granada.

[88] Este verso, «mi padre vuelve del silencio», es la respuesta al asesinato: su padre regresa del silencio recreado en su imaginación, como fórmula de rescate y de memoria.

LA CIUDAD NOCTURNA

¡Oh frentes de alabastro por la sombra,
dureza de la piedra,
sopor de los jardines sin palomas,
orfandad de los musgos!

¡Qué humanamente esconden su tristeza
los rostros de los niños
bajo el sueño arcangélico del alba
que brota del asfalto!

Ciudad estremecida por la aurora
insomne de los patios,
con voces silenciadas que reclaman
un suspiro de brisa.

Pero no hay nada, nada
que recuerde que la ciudad está viva.
(Los visillos entornan con encajes
un oscuro silencio de ventanas.)

ELENÍSIMAMENTE

Para Elena Martín Vivaldi[89]

Se te duerme noviembre entre las manos,
y una luz de jardines
desciende hasta tus yemas
sembrando de amarillos lo que escribes.

---

[89] Elena Martín Vivaldi (Granada, 1907-1998) fue una poetisa (tal y como ella prefería denominarse) muy relevante en Granada; aunque pertenece por edad a la generación de 1936, se la vincula al grupo «Versos

Pupilas de la tarde enfebrecida,
árboles descendidos
en un ocaso malva
multiplican dorados por el parque.
Huele a lluvia y cristal
y pájaros anuncian
tu soledad en las ramas.

DESDE UN TIEMPO

Escribo desde un tiempo
labrado en lo remoto,
con sonidos de pozos
abiertos en la arcilla,
y el llanto de las piedras,
las lágrimas del trigo,
un vuelo de palomas
y hierros y fusiles.

---

al aire» integrado por diferentes poetas de la generación del 50, como Rafael Guillén o Julio Alfredo Egea, Trina Mercader o José García Ladrón de Guevara. Su poesía, marcada por la ausencia del hijo y la sublimación de la naturaleza (con la lluvia y la noche como protagonistas), está impregnada por un tono intimista, romántico y melancólico. De entre sus obras destacan *Escalera de luna* (1945), *El alma desvelada* (1953), *Cumplida soledad* (1958) o *Durante este tiempo* (1972). Este homenaje de M. L. Escribano conecta con su poema «Lluvia con variaciones» en el que escribe: «Y estoy triste también, / "elenamente triste", / con la lluvia, en la lluvia, por la lluvia, / a través de, debajo de la lluvia». M. L. Escribano, junto a quien suscribe, fue la responsable de la antología *Variaciones sobre la lluvia,* publicada en 2007, con motivo de la celebración de su centenario.

EN LA HUERTA DE SAN VICENTE[90]

En la luna buscábamos sus huellas,
en el piano la flor de sus canciones,
en los búcaros las hojas del otoño,
esa luz desvaída que reside en el sueño.

Era, entonces, el estío en la huerta,
—mejor fin de verano—
y época de cosecha
de ciruelos, manzanos y membrillos.

Rosas y niñas y mastranzos
en el negror verde de la acequia,
jilgueros en los chopos,
últimas golondrinas,
geometría de vencejos
dibujando el cobalto de los cielos.

Y el silencio se agranda en el silencio,
y las conversaciones languidecen,
y lloran las palabras y los lutos
por Federico ausente como un muerto,
por tantos muertos con el pecho herido
en las lunas de agosto y de septiembre[91].

---

[90] Nuevamente se sitúa en la Huerta de San Vicente remarcando una de las obsesiones de la poeta: el asesinato de Federico que enlaza con el de su padre.

[91] «en las lunas de agosto y de septiembre» se refiere en concreto a los muertos de las familias Lorca y Escribano Pueo: Manuel Fernández-Montesinos Lustau (cuñado de Lorca y alcalde democrático de Granada) fue asesinado el 16 de agosto de 1936, Federico García Lorca en la ma-

CAMINO POR LAS CALLES

Bajo el sol y la lluvia
de este otoño imprevisto,
camino por las calles de Granada,
indocumentada y triste,
sin huellas digitales,
sin un papel que diga
mi nombre y mi estatura,
con los escaparates ciegos,
y una nostalgia azul en la mochila.
Habré de conocer que he perdido
la ciudad de mi infancia,
lo mismo que se pierde una cuchara
y un cuchillo de plata.
Los jardines respiran añoranza,
los árboles tristeza,
y no encuentro ese viento transeúnte
que llamaban ábrego
y dejaba humedad en los zapatos
y nubes por el cielo
que sobrevolaba mi casa.
Camino por las calles de Granada
con una tristeza inusitada.
Y voy sin huellas digitales
por ver si me detienen
por indocumentada.

---

drugada del 18 del mismo mes (Molina Fajardo, 1983) y Agustín Escribano, el 12 de septiembre.

NIÑO DE OJOS DORMIDOS

Niño de ojos dormidos,
en tu sonrisa el mar y sus mareas[92],
una luz de zafiro en tus pupilas,
la sábana de espuma
del suave rebalaje.

Niño de ojos dormidos,
obrero de la arena
que edifica castillos y volcanes,
pozos oscuros y colinas.

Niño de ojos dormidos,
¿sabes que hay palomas de mar
y chamarices en las palmeras?

Detente en tus trabajos.
Ven a mi lado y mira
los pequeños veleros.
Y cómo el mar se aquieta
cuando una gaviota alegre,
pasa y vuelve y regresa a su albedrío.

---

[92] Advierte J. M. García Linares que «la geografía marítima se construye como un espacio de luminosidad, de libertad y alegría. El color azul, la luz, el viento, la niñez o la frescura son referentes de una marea que está clavada en la pupila del sujeto poético» (2020, 177).

CARMEN DE LOS MÁRTIRES[93]

Son las tres de la luz en mi ventana;
hace frío en el viento y por las ramas
es otoño el paisaje de la tarde.
¡Cuánto tarda en venir la primavera!

Adivino la brisa por las hojas
que desprenden cansancios amarillos
y es amarilla el agua y es la tarde
amargo amarillento en los jardines.

Cómo se lleva el viento en bandolera
la gracia del acanto con la lluvia;
qué luz llueve en estanques por las torres[94],
qué desmayo de rosas por la brisa.

Está el camino verde, humedecido,
con lágrimas de agua envejecida.
Qué solo se abandona el alto cedro.
¡Cuánto tarda en venir la primavera!

---

[93] El poema está fechado en Los Mártires el 16 de diciembre de 1976, como se puede observar en el manuscrito del mismo, incluido en el anexo. El Carmen de los Mártires es una finca de titularidad pública gracias a los esfuerzos de Mariluz Escribano en los años setenta, cuando lideraba Mujeres Universitarias. Está situada en la colina de La Alhambra y durante su época como convento de Carmelitas Descalzos, habitó allí como prior san Juan de La Cruz (1582-1588). El *Cántico espiritua*l o la *Llama de amor viva* se compusieron durante esta etapa.

[94] Este verso está directamente vinculado al soneto I.

Segunda parte

El humo remansado

EN PRIMERA PERSONA

En primera persona de septiembre,
frontera del verano,
regreso hasta mi casa y sus jardines
con una ciudadana
voluntad de silencio.

Volver hasta la lluvia,
envolverme en las brumas del paisaje,
permitir que la sombra me conduzca
a una concreta sensación de urgencia
de escribir una carta,
o de abrir la esperanza
de las conversaciones, los amigos,
es lo que otoño deja en mi ventana,
lo que septiembre olvida,
generoso, entre mis manos.

A SAL SABEN MIS LABIOS

A sal saben mis labios cuando digo tu nombre,
a campo abierto, a tierra,
a surco campesino,

a trigo edificado con lluvias invernales,
a fresca hierba azul adumbrada en los campos.
A esa dulzura pálida que tienen los arroyos
y el cielo que despierta lavado con la lluvia,
al aroma, tan verde, del polvo en las veredas,
al humo remansado en los pueblos dormidos.
Tu nombre sabe a infancia primitiva y sencilla,
como a fruta madura o sangre derramada,
a desnuda intemperie de la acacia en otoño
a madera o a miel,
a flor que está naciendo.

A VECES DIGO AGUA

A veces digo agua y estoy pensando en lluvia,
otras pronuncio pan y me acuerdo del trigo,
digo velero y voy navegando en las olas.
Cuando aspiro el silencio es tuyo mi suspiro.

Y silenciosa estoy, sentada en este borde,
al filo del vocablo que debe recordarte:
lluvia, trigo, velero, tres anchas geografías,
esencias que definen íntegros tus perfiles.

Guardo silencio y voy desgranando palabras,
profundamente en mí está tu incertidumbre,
tu nombre y tu figura, tu gesto y tu caricia,
la voz a que me atengo y el corazón que habito[95].

---

[95] El último verso recuerda uno del soneto V de Garcilaso: «por hábito del alma misma os quiero».

UNA TARDE DE LLUVIA

Yo me encontré el amor una tarde de lluvia
cuando las nubes lentas parecían perdidas,
cuando morirse, acaso, no tenía importancia
y era triste, tan triste
sentarse en la penumbra.

Y sucedió que, entonces,
se me abrieron los cielos
y saltó el corazón abarcándolo todo,
como un pájaro libre traspasado de viento
que se eleva a una estrella para sentirse eterno.
Yo nací con la lluvia
como nace la hierba,
como crece la espiga
y llora la montaña.

Porque encontré el amor
me siento como un río,
me confirmo en trigal
que mueve el mejor aire.

LUNES

Hoy es lunes y estoy
ligeramente triste,
azul y amarillenta
como el cielo y las hojas,
porque el otoño y tú
me habéis abandonado
en una luz de invierno
primaveral y tierna.

Hoy es lunes y estoy
divinamente triste,
aunque me siento árbol
desguarnecido y solo,
otoñal,
desvestido,
angustiado,
perplejo,
rememorante,
antiguo,
interrogante y mudo.

EDIFÍCAME EN PIEDRA

Si mi voz no te alcanza
ahora que estás dormido,
recréame en el mundo
de tus mágicos sueños.
Olvida cómo soy,
edifícame en piedra[96]
para que así tú puedas
vivirme eternamente.

Inscrita en tu memoria
por los siglos seré
amor indestructible,
inamovible roca enamorada y alta.

Si mi voz no te alcanza
puesto que estás dormido,
déjalo para luego.

---

[96] Enlaza con la «Canción de la súplica». Véase nota 46.

Soy tan frágil ahora
que la lluvia me hiere.
Edifícame en piedra,
suéñame inalterable.

LÍMITES

Limito con la lluvia
que humedece la tierra.
En la lluvia me miro,
la lluvia me hace triste,
me pone otra figura,
me cambia de sentido,
me hace olvidar que vivo,
me recuerda otras cosas.

Y soy esa persona
multiplicada en lluvia,
que pasa entre la gente
sin conocer a nadie.

MI NOMBRE

Mi nombre de mujer se deshoja esta noche
sobre un lacerante e infinito silencio.
Tus labios no me han dado oficial consistencia
y soy como una flor olvidada en la calle.
Pronúnciame:
recuerda que, aunque lejos, existo,
que estoy aquí esperando tu voz para vivirme
y habitar este cuerpo que hoy se encuentra vacío.
Dime despacio
usando la presencia primera

y aquella voz de agua que me llenó de vida.
Da mi nombre al silencio sideral de la noche.
Háblame:
sílabas que me nombran, piedras de mi esperanza.

CORAZÓN DE ARENA

Ahora que todo tiene
esta luz traspasada de la tarde,
y yo sé que te has ido
por caminos que ignoran mis palabras,
me acuerdo de la lluvia por las calles,
los árboles tristísimos, la ausencia,
la soledad terrible de los pasos
perdidos en el gris de las aceras.

Porque me falta el aire de tus gestos,
tu amistad en la distancia, tu sonrisa,
ese débil cristal de tus palabras,
la hierba del silencio que crecía
donde yo abandonaba
una lágrima
                    frágil
                    de ternura,
el corazón de arena de mi nombre.

LA CIUDAD ES UN PAISAJE

La ciudad es un paisaje sobre nuestra estatura,
con un discreto fondo de lejanas campanas,
cuando tú y yo dejamos
inmóviles las manos,
como palomas blancas, desalentadas, quietas.
Es la hora precisa de abandonar tus ojos,

de no decirte nada porque no hay voz bastante,
de sujetar el llanto porque te vas tan lejos,
de sentirme indefensa,
de empezar a añorarte.
Es la hora final de nuestro nuevo sueño[97],
cuando es la luz más bella
y el ocaso más triste.

[ESTÁ LATENTE AQUÍ Y ESCONDIDO TU NOMBRE]

Está latente aquí y escondido tu nombre.
Salta mi corazón al ritmo de sus letras,
si te pronuncio asumo tristeza y alegría
porque en él se contiene la extensión de mis horas.
Y te pronuncia así,
despacio,
lentamente,
eternizando el tiempo del placer de nombrarte,
para que así tú vivas impregnando mi vida
y el aire del momento en que no estés conmigo.
Tu nombre es la palabra que está impresa en mi frente,
la que duerme en mi voz cuando hablo con otros,
la que quiere instalarse, florecida en mis labios
cuando, al alba, despierto y empiezo a recordarte.
Tu nombre es la palabra divinamente nueva
que nace con el día para vivir conmigo;
y qué bella en la paz de mis horas de sueño
para que yo, dormida, la conserve indeleble.

---

97 Poema centrado en la despedida final entre la amante y el amado.

TUS MANOS SON DOS FUENTES

Tus manos son dos fuentes de gestos y caricias,
buscan la mansedumbre dormida de mi cuerpo,
sueñan en la tibieza de mis cumbres más altas,
tienen la plenitud alegre del encuentro.
Definitivamente me confortan tus manos,
me dan la certidumbre de mi existencia amante
cuando tiemblo en el mar de su interrogatorio
y respondo a su urgencia con un suave abandono.
Son para mi descanso el sitio predilecto
y el honesto lugar en el que me refugio,
el libro en el que leo tristeza o alegría
porque me acercan, dulces, tu diario episodio.

ENTERA ESTÁ MI VIDA

Entera está mi vida en ti depositada.
Te he dado cuanto soy, cuanto desconocía,
mi infancia que guardaba celosamente triste,
mi ignorancia de ayer, la elemental palabra.
Me has modelado tú a tu modo y manera[98],
y tengo un aire nuevo, como de enamorada.
Estoy labrada en tierra, floreciendo a los vientos,
como una esbelta espiga, como rama de almendro.
Escultor de mis sombras, labrador de mis sueños,
no dejes que se rompa esta bella armonía:
cuídame con tu mano que sosiega mi frente,
cúbreme con tu lluvia para que así florezca.

---

[98] Regresamos al soneto V de Garcilaso: «mi alma os ha cortado a su medida; / por hábito del alma mismo os quiero».

AYER NOS ENCONTRAMOS

Ayer nos encontramos y el otoño empezaba;
la tarde era muy triste con su grito de frío
y nos hirió su luz cárdena y prematura.
Era venido el tiempo de iniciarnos de nuevo,
como aquel otro otoño signado por la lluvia
en que yo empecé a amarte
con pequeña tristeza,
depositando en ti toda mi incertidumbre.
El otoño ha venido, tan hondo, tan dorado,
para encontrarnos juntos,
como entonces —tan juntos—,
gloriosamente fieles a la primera tarde
con un húmedo amor
que aún hoy está naciendo.

PARA CALMAR TU SED

Para calmar tu sed me construiste en barro,
me diste la humedad de todas las arcillas,
me colmaste de agua oscura y transitoria,
me prestaste razón para seguir viviendo.
Soy como un cantarillo quebradizo en tus manos,
tan fresco y rezumante si tus labios se acercan,
tan triste si me olvidas,
tan alegre si vuelves,
si mi humedad te roza,
si te presto frescura.
Agua profunda mía, contenida y silente,
paciente, esperanzada,

alegremente triste[99],
aguardando el momento en que tú me recuerdes
y vengas a mis tierras anhelando humedades.

NUESTRA HISTORIA

Nuestra historia está llena de mañanas ausentes,
cuando el mundo es olor a tierra buena y nueva,
cuando el mar es pequeño, como recién nacido
y el cielo estrena azul estampado de pájaros.
Y porque tú no estás me duele esta belleza
que se creó, quizá, para otra gente extraña,
exiliados nosotros de las blancas mañanas
en que vivimos solos esperando la tarde.
Jamás me hará dichosa tu primera mirada,
la gracia del suspiro que rompe con la noche,
el amante quehacer de comenzar de nuevo
cuando el mundo está limpio, como recién lavado.

SOLEDADES TE DOY

Soledades te doy para evitar tristezas.
Cuando vienes, el día se viste de domingo,
pierde su mansedumbre, su luz se hace más clara,
hay como un recatado repicar en las torres.
El aire es diferente cuando vivo a tu aire[100].
Pero no sé si entiendes que a veces esté triste,
tan triste como el mar o como las ciudades,
cuando las abandonan y se quedan sin gentes.

---

[99] La antítesis revela los constantes cambios de estado de ánimo que se producen durante el estado de enamoramiento.

[100] Repárese en la función que cumple la diáfora: «El *aire* es diferente cuando vivo a tu *aire*».

Tú sabes que tu voz me lava las tristezas,
me desviste del polvo de gentes que me olvidan,
me abre a la esperanza,
me presta su alegría,
me devuelve la paz para seguir viviendo.

UNA VOZ DIFERENTE

Mañana tú tendrás una voz diferente
que iré reconstruyendo con ayuda del agua,
con el ruido del viento sobre los altos chopos
y el olor de aquel verde mastranzo en los caminos.
Tu voz será un resumen de cuanto hemos vivido:
tendrá la gracia aérea de la flor de la acacia,
la ternura del mar,
lo blanco de la nube, la impaciencia del pájaro,
el canto de la lluvia.
Y estará aquí presente, corriendo por mi sangre,
golpeando mis horas para que no te olvide,
ahuyentando tu ausencia cuando te hayas marchado,
aunque mi voz sea ya reflejo de la tuya[101].

ERIC SATIE[102]

Dulce sombra de octubre y amanece
con pereza de luz.
Por la ventana
entra un trino de sol
intermitente,

[101] En este punto de la relación amorosa, para la voz poemática, existe ya una identificación entre la voz de la amante y el amado.

[102] Eric Satie (1866-1925) fue un compositor y pianista francés. Se le considera un precursor del impresionismo. Fue autor de más de un centenar de obras, entre ellas, las *Gymnopédies*.

porque también la lluvia
ha dejado su rostro sobre el arce
que se deshace
                    en hojas amarillas.
Eric Satie se sienta, desayuna conmigo,
compartimos amigos,
esta ambigua mañana de jardín solitario
y nada se parece
a esta complicidad extraña
de música, silencios y palabras.

CUADERNO DE OTOÑO

En cuadernos de otoño
escribiré la historia de la lluvia
que recorre en silencio
recodos del jardín,
que desciende tenaz por las pizarras,
que canta cuando moja los cristales,
y humedece a los niños
en el espejo claro de las calles,
los introduce en la urgencia infeliz
de las enciclopedias,
en el azul glorioso de los atlas,
como una dulce costumbre ya olvidada
de mares, rebalajes y mareas.
Diré en pocas palabras
cómo canta la lluvia
la soledad de los tejados.

TANTO OTOÑO

Tanto otoño resuelto en ocres y amarillos,
tan dorados paisajes que rezuman neblina,
en el agua profunda que refleja el poniente
con el último sol que aclara el horizonte.
Tantos otoños vuelven con la luz de este día
con esta brisa quieta y este frío incipiente.
Tantas hojas nos cubren, tantos recuerdos vuelven:
el tiempo no ha pasado, hoy es como al principio.
Como ayer, hace un año, el otoño era el mismo:
repetida tristeza que unía nuestras manos,
con iguales preguntas y un fuerte desaliento,
suave desesperanza que ya solo es recuerdo.

VIVIRÁS EN MI VERSO[103]

Vivirás en mi verso cuando la luz se acabe,
por eso yo te canto germinal y sencillo,
descubriéndote el alma cuando el cielo está quieto
y el silencio se puebla de planetas sin nombre.
Mientras los otros duermen mi luz está encendida,
voy siguiendo el camino que iniciamos entonces,
desde aquel viejo mar, primitivo y solemne,
tan fresco y tan azul, tan blanco de veleros,
desde aquella esbeltez que tenían los chopos
aleteando leves en la luz de la tarde,
desde aquel mirador cubierto por la yedra,

---

[103] Terminada la relación amorosa, la voz poética convierte al amado en eterno con la afirmación del primer verso: «Vivirás en mi verso cuando la luz se acabe».

abierto a la esperanza de otros mundos distintos.
No puedo alzar la voz para alegrar la brisa.
Mi mano está escribiendo el color del recuerdo.
Perdona que te escriba mientras los otros duermen.
También yo estoy llorando con los ojos abiertos.

El corazón de la gacela

Mariluz Escribano en el jardín de su casa.
Fotografía de Roberto Travesí.

Proemio

EL TIEMPO[104]

Ahora que el tiempo ha dejado su huella,
sus pequeñas heridas
en el hueco del rostro,
ahora que todo pasa
por un espejo cóncavo
y da miedo asomarse
a los escaparates
con su luz de neón
y las bellas ofertas,

---

[104] Como ha afirmado Raquel Lanseros a propósito de «El tiempo», «reivindica [...] esa paz cargada de memoria como el único camino redentor posible. Pasa el tiempo constante e imparable, pasan las generaciones, la gloria y la miseria, las heridas van abriéndose hueco en los rostros, inspira temor asomarse al relampagueante presente. Pero la memoria, como una rosa fresca, mantiene el aroma de la infancia, de todo lo que fuimos, lo que somos, lo que pudimos ser. La memoria, con su incólume cargamento de justicia, rescata lo mejor de la conciencia y restaura ante nosotros, nítidamente, la grandeza irrenunciable de la dignidad. Mariluz Escribano, ejemplo de resistencia ante la ignominia, reviste su palabra poética de concordia y nos ofrece, limpia, la posibilidad de la paz. Una paz verdadera, con la mano tendida, sin rencor y sin hiel. Pero para el futuro, una dulce advertencia: no cometamos el error de olvidar, recordemos con calma, con generosidad, recordemos con honra. Porque solamente donde hay memoria puede existir la paz» (2021, 102).

no hay nadie que me quite
una infancia de calcetines blancos,
zapatos de charol
y una mirada clara.
Después de tantas lluvias
y atardeceres lentos,
ahora es tiempo de paz,
de paz y de memoria.

1. El temblor de la gacela

DIOS TE SALVE, FEDERICO[105]

En el mes de agosto era,
en el mes de agosto fue,
dicen que ya lo mataron,
que lo matarán tal vez,
que si Federico ha muerto
nadie lo debe saber...

—

Un río de sangre oculta
tiene a Granada en un grito:
ninguno quiere mirarse
en ojos desconocidos,
porque nadie sabrá nunca
dónde crece el enemigo,
dónde estará el que traiciona
desde un oscuro escondrijo.
Ni el hermano de su hermano,

---

[105] Estamos ante un poema arromanzado escrito en los años sesenta que describe con detalle preciso la realidad de la Granada en la que Federico García Lorca es apresado y asesinado. Aparte de las resonancias lorquianas, las anáforas y esta salve laica le otorgan una potencia lírica y una contundencia expresiva capitales.

ni el amigo del amigo,
ni familiares cercanos,
ni la madre de sus hijos:
nadie se fía de nadie
que todo está corrompido
y en Granada, por las noches,
suenan puertas, crecen gritos,
y el miedo viene cortando
las esquinas con sus vidrios.
(Sobresalto de palomas
con madrugadas de tiros.)

—

Valdés[106] está en su despacho,
la muerte firma con él:
ya ha matado a tres mil hombres
y matará más después.
Federico entre sus manos,
es un muerto por nacer.
¡Que lo metan en la celda,
que le traigan de comer
y que se lo lleven pronto
que yo no lo quiero ver!
¡Que lo maten a la una,
que lo entierren a las tres!
Yo firmaré la sentencia
y la romperé también.
Que si es preciso se mienta
y se niegue de una vez,
y se silencien las voces
que nos preguntan por él.

---

[106] José Valdés Guzmán (Logroño, 1891-Granada, 1939) era el militar falangista que ejercía como gobernador civil de Granada en 1936. Fue el responsable de miles de asesinatos. Para ampliar información, véase nuestro estudio introductorio.

Que Federico es un muerto
que ha de morir de una vez.

—

Hacia los cerros del Norte
llevan preso a Federico.
Tiene los labios cerrados
los ojos enrojecidos...
De los campos de Zujaira[107]
sube un recio olor a cirios,
un sonido de campanas,
un suspiro estremecido,
y una bruma, tenue, leve,
desdibuja los caminos
y suprime los perfiles
de los montes granadinos.
Ya no preguntaba nada
porque lo da por sabido:
al amanecer, mañana,
en tierra estará metido,
en el cauce de un arroyo,
debajo de un gris olivo
donde da la vuelta el aire
con olores de tomillo.
Guardan silencio los pájaros
en el aire amanecido.
Por los valles, por los montes
vaga un viento dolorido.
Madrugada de calizas
estremece los olivos.
Y las veredillas tienen
un olor lejano a trigo.

—

[107] Pedanía de la Vega perteneciente actualmente al municipio granadino de Pinos Puente.

Un golpe duro en el pecho,
un cuerpo en tierra tendido,
último aroma del alba:
¡Dios te salve, Federico!

—

(Que su muerte fue a las cinco,
que se derrumbó a las seis,
que sangró por siete heridas
de la cabeza a los pies.)

—

Federico por los cauces,
Federico por los ríos,
Federico por el cielo,
Federico se ha perdido...

—

Corazón por las alturas
corazón entre los lirios,
corazón sobre las aguas,
corazón desvanecido.

—

Alondra por las choperas,
aguanieve en los olivos,
golondrina por las nubes,
gorrión entre los tilos.

—

Dios te salve por las ramas,
Dios te salve por los trigos,
Dios te salve por las nubes,
Dios te salve por los mirtos,
Dios te salve entre las gentes,
Dios te salve en tus amigos,
Dios te salve, Dios te salve,
Dios te salve, Federico.

(Un galope de palomas
por los campos se ha perdido.)

NO COMÍ PAN DE PADRE[108]

No comí pan de padre
a causa de la guerra,
no crecí con sus ojos
bajo una luna alegre.
Y ahora pienso en mi madre
en una luz de invierno,
cuando el viento soplaba
sobre las nubes negras,
y me cantaba nanas
con Pedrell por delante.
¡Qué soledad de madre, qué tristeza!
Qué hambre de caricias,
qué caminar a solas solamente.
En la radio sonaban
noticias de París.
Muy despacio y vibrante,
Salvador de Madariaga,
contaba, enardecido,
de la guerra de España.
No comí pan de padre,
pero sus manos siempre,
en un libro enlazadas[109],
me enseñaron despacio
a descifrar las nubes,

---

[108] Antònia Vicens aprecia el «lamento que se extiende más allá del universo de tus versos *[sic.* Mariluz Escribano]» (Vicens, 2021, 107).

[109] «pero sus manos siempre / en un libro enlazadas» remite a una fotografía de Agustín Escribano, tomada a mediados de los años veinte, que se encuentra en el archivo familiar. Esa es la imagen del padre perdido que, desde pequeña, tenía grabada la poeta en la retina.

antes, incluso,
de regalarme un beso[110].
Ahora sé que mi padre
edificó mi estampa,
despacito en las noches
en que crecen las lunas.

12 DE SEPTIEMBRE DE 1936[111]

Mariluz, pequeña, niña sin padre,
en qué lugar encontrarás sus manos,
en dónde su palabra y su sonrisa,
en qué lugar sus ojos apagados,
cegados por cemento y tierra roja.

---

[110] La poeta remite indirectamente al relato «Septiembre, 1936», donde escribe:

«Nadie me lo contó pero yo sé que mi padre dejó un beso en mi almohada. La madrugada alzaba sus voces postreras del verano y pájaros inquietos abandonaban rastros de sosiego por las ramas escuálidas de las acacias. Se levantaba el cielo en orto apresurado y la pequeña luz del alba contenía un rosado sangriento por las altas montañas. Aquel sueño mío del doce de septiembre estuvo exento de lágrimas.

Mi padre se marchó bajo la sobra de oscuros hombres de la noche y abandonó en mi almohada el nervioso beso de sus labios, el temor del que jamás, en los años venideros, tuve noticia. [...]», en VV. AA., *Relatos de la Guerra Civil,* Granada, CajaGranada, 2006, pág. 113.

[111] Piedad Bonnett, que ha abordado «la vibrante hondura del poema», considera: «Los versos de la segunda estrofa nacen, más que del dolor, de la indignación, y sirven para hablar ya no solo de la injusta muerte del maestro cuyo nombre honra hoy una calle de Granada, sino de todos los inocentes que fueron cobardemente fusilados por profesar ideas distintas a las de sus verdugos. La imagen es de gran eficacia: "No hay árbol que cobije la ignominia / de una muerte con fierros y fusiles". Los de la tercera estrofa, en cambio, no pueden ser más desoladores. La hija se permite la dolorosa descripción del instante de la muerte que no vio. Y remata con una alusión al ruido de la pólvora, pero deslizando el sentido hacia la pavorosa realidad de la muerte que iba a marcarla para siempre» (2021, 109-110).

No hay árbol que cobije la ignominia
de una muerte con fierros y fusiles,
con descargas de balas asesinas
y un doce de septiembre ya en la historia.

En la Sabika[112], esa arcilla roja,
te derrumbaste con los ojos turbios.
Nadie acudió al estruendo de la muerte
y unos pájaros tristes
levantaron su vuelo en los olivos.

EL DESTIERRO (I)

Estación de Andaluces[113] de Granada.
Un tren de madera con fierros en las ruedas,
y una lumbre de bosques incendiados
en la locomotora.

En el andén, el viejo reloj marca
el tiempo de salida.
Los soldados entonan
canciones de banderas.

Cuatro pañuelos blancos
nos despiden llorando,
rezando con prudencia
un recuerdo de muerte.
Es el miedo el que anula
la emoción del instante.

---

112 La Sabika es la colina donde se sitúa La Alhambra, cercana al Cementerio de San José. El terreno es arcilloso y rojo; de ahí el nombre de la Alhambra.

113 Nombre de la estación de trenes de Granada.

Mi madre es una estatua
sentada en la maleta,
y un soldado me acuna
con una canción triste.

Ha empezado el destierro
hacia una tierra extraña.
Mi madre se ha olvidado
de cantarme una nana.

EL DESTIERRO (II)

A mi madre

Si pudiera destejer tu sonrisa,
si pudiera encontrarla entre la gente
que rodea mi vida,
entonces, cuando todo
estuviera ordenado,
volvería a pensarte.

Ayer fue un tiempo ido,
un asombro glacial y perdurable,
una tristeza afín a la nostalgia,
el pasado que daña el corazón.

Y, sin embargo, estuviste muy cerca.
Pasaron días y tormentas,
cielos claros con una luz diáfana,
azules como el mar y sus enredaderas,
y la lluvia cayendo muy despacio
con la canción marchándose del corro
porque éramos niñas y pequeñas.

Cuando el destierro era cuestión de horas,
yo no sé dónde estaba tu sonrisa,
quizá escondida entre los muertos
que quedaban atrás en la colina roja.

Memoria, una vez más memoria,
mientras el tren corría
hacia Tierra de Campos[114],
la patria de la espiga y de mi padre,
desterradas, al fin, en el destierro.

LA CASA SOSEGADA[115]

En Pedrosa del Príncipe[116]

Golondrinas y alondras
sobre los olmos grises.

En el caudal del río
el aire es transparente.
Entre los juncos duermen
los ojos del silencio
que miran el sosiego
de los campos de trigo,
y se bañan las horas
con lentitud de años.

---

[114] Tierra de Campos es una comarca castellana donde se sitúa la provincia de Palencia.

[115] Véase en cuanto al título y las referencias a «la casa sosegada» y al «viento» a san Juan de la Cruz y su «Noche oscura del alma», donde el místico escribe: «En una noche oscura, / con ansias en amores inflamada / ¡oh dichosa ventura! / salí sin ser notada, / estando ya mi casa sosegada. / [...] // En mi pecho florido, / que entero para él solo se guardaba, / allí quedó dormido, / y yo le regalaba, / y el ventalle de cedros aire daba. // El aire de la almena, / cuando yo sus cabellos esparcía, / con su mano serena / en mi cuello hería, / y todos mis sentidos suspendía».

[116] Pedrosa del Príncipe es el municipio burgalés de donde era oriundo su padre y donde ella pasó los veranos de su infancia y primera juventud. Hay una descripción detallada de la casa y sus vivencias familiares en *Sopas de ajo* (2001, 83-88).

Suenan trinos pequeños
entre los árboles;
son música en el aire
de la mañana.

Más allá, la penumbra,
la casa sosegada,
esa que solo habitan
mi corazón y el viento.

DESCONSUELO DE AMOR

El tren se ha deslizado
por el llano infinito.
Su luz intermitente
se ha perdido en la noche.

Te has marchado, muchacho,
cantando las melodías
de una guerra futura
todavía sin nombre.

Cuando llegues al frente
todavía lejano,
acuérdate de mí
con el tren encendido,
y el beso que dejaste
en mis labios de espuma,
cuando la noche intensa
caía sobre Granada.

Adiós, adiós muchacho,
el de los rizos de oro,
te escribiré una carta
que hablará de tu ausencia,

del temblor desolado
que dejaste en mis manos,
del sueño de un amor
que perdí en los andenes.

EL ANCIANO[117]

La nostalgia a veces nos traiciona,
y el tiempo en ocasiones nos denuncia,
olvidamos los nombres de las cosas:
aquel del árbol que serena la plaza,
cómo se llama el joven
que cumplió nuestros sueños,
si es mañana, si es tarde, si de noche.
La vejez nos anula los perfiles
de aquel rostro amado en otro tiempo,
los nombres de los niños que crecieron
con la misma lentitud del trigo.
Y ahora, cuando el día es azul y es primavera,
las génivas pronuncian
su altura en los ribazos.
—¿Y cómo se llamaban
las flores amarillas?
—¿Dónde estará mi casa?,
se pregunta el anciano,
sentado en una piedra
que bajaron del páramo.
El sol se desvanece
y la luna se asoma.
El anciano recuerda
vagamente el camino.

---

[117] Tanto este poema como el siguiente se centran en lo que implica la angustia por la posible pérdida de la memoria en la senectud.

EL ABUELO

El abuelo descansa
sobre una piedra dura.
Es primavera y nota,
por el trasiego de aves,
que los trigos encañan
en los campos del páramo.
Mira al alto y respira:
ni una nube en el cielo
que asombre la esperanza
de una buena cosecha.
El abuelo parece
jugar con las palomas
e inquietas golondrinas
le coronan la frente.
Está a gusto en la fresca
tibieza de la brisa
que mueve los escasos
árboles de la plaza.
El abuelo ha olvidado
los nombres de los pájaros,
él que tan bien sabía
los nombres de las hierbas,
los nombres de las fuentes,
cómo se llama el niño
que jugaba con juncos.
Ha olvidado su nombre.
El cementerio, lejos,
le espera con paciencia.
Ciprés y jaramagos,
coronarán su frente.

LA CASA

A la memoria
de mi abuelo Santiago[118]

A los pies del silencio
en la oración perpetua de la roca,
una casa adumbrada
me mira con tristeza
desde la sobriedad alegre
de espigas a lo lejos.

Pasa el ángel dormido
de mi abuelo Santiago.
Las cocinas acunan
la quietud de los niños,
con el gozo del agua
azul de los pucheros.

Se oye bramar al cierzo
en las estancias altas,
allí donde los sueños
esperan en vigilia.

De mi abuelo Santiago
solo queda el recuerdo
de unos campos de trigo
verdes en primavera.

---

[118] Santiago Escribano era su abuelo por parte de padre, y no tuvo oportunidad de conocerlo, pues falleció antes de su nacimiento. La casa es la familiar, protagonista igualmente de otro poema, «La casa sosegada».

LAS MANZANAS DE LA HUERTA[119]

Las manzanas encierran
un corazón amargo
de seis tiros oscuros.
Con sus manos frutales
las niñas las esconden,
cómplices del misterio.
Un sabor de manzanas
ennegrece la noche,
y se irá con el sol
cuando muera la tarde.
Las niñas no conocen
el secreto del árbol.
Un centón de arboledas
oscurece al manzano.

---

[119] Se refiere a la Huerta de San Vicente.

2. La gacela desolada

MAYOR CASTIGO[120]

Mayor castigo:
andar por los senderos
que la vida nos traza.

A veces las calzadas,
gris cemento en las calles,
enmarcan la tristura
de las noches sin sueño.

No hay pájaros al alba
que consuelen la lágrima,
ni un árbol al que asirse
para evitar tristezas,
ni siquiera una flor,
ni un canto de esperanza
mientras la lavandera
blanquea sus ropajes.

---

120 Manuel Francisco Reina lo considera el resumen metafórico de «un cáliz de amargura, una prueba de vida con la que la autora da fe de que lo mucho o lo poco que ha conseguido es a fuerza de tesón, esfuerzo y sacrificio. En contra del destino y sus azares» (2021, 121).

Andar por los caminos
que se encuentran trazados,
desmienten al poeta
de «aquel sol de mi infancia»[121].

Desde el humo de hoy,
desde el cemento,
el sol se ha oscurecido
para nuestras pupilas.
La ciudad tiene mucho
de soledad y miedo.
Llegamos a buen puerto
y descubrimos
que el horizonte acerca
temblor de lejanías,
aquella paz tan quieta
por desacostumbrada
de un mar que nos arropa
con zafiros y espumas.

TELEGRAMAS

Tenían una voz azul mar
y un oscuro desconsuelo
cuando noche cerrada
llegaban a tu puerta
y llamaban con puños imperiosos.
Pronunciaban mi nombre,
y el corazón saltaba
con nobleza de puma.
Las noticias volaban
con reflejos azules,

---

[121] Referencia al verso último de Antonio Machado.

sobre un lago de tristeza profunda.
No eran nunca palabras admirables,
eran tristes noticias imposibles,
palabras que dejaban
el corazón perdido entre la niebla.
Telegramas azules[122]
para una noche inquieta,
cuando una lágrima desciende
y se convierte en río.

MAÑANA

Mañana será tarde
para buscarte.
Me invade la impaciencia
de encontrar tu sonrisa,
aquella que tenías
bajo la luz de invierno
cuando yo te besaba.

Porque nada está dicho
yo te escribo esta carta,
y vuelvo a recordarte
en el primer encuentro
bajo la luz de una farola triste,
cuando yo te besaba.
Tenías ojos dormidos
como agua de mar sin resaca,
y tus manos tan frescas
que apretaste mi nuca
con un tremor de hielo,

---

[122] Nueva evocación a Federico García Lorca: «Que se enteren los señores / pon telegramas azules / madre, cuando yo me muera. / Pon telegramas / que se enteren los señores / que vayan del sur al norte / madre».

cuando yo te besaba.
Quiero verte y besarte
con temblor de noviembre,
y que no me desmientas
en tus conversaciones.

SUEÑO DE UNA HORA

Tengo el alma con sueño[123].
Tengo la voz de sueño.
La hora llena de sueño.
La canción llena de sueño.
La muerte bordeando el sueño.
Y el sueño lleno de golondrinas
que me sueñan volando.

ARRIBA, LIBRE

Arriba, libre, alondra por el viento
si entierro el corazón bajo las hierbas.
Arriba, libre, paloma por el alba
si detengo el latido de mi sangre.
Arriba, libre, en paz como la nube,
como la nube al alba de la noche.

DESHOJADME VIOLETAS

Deshojadme violetas en los ojos
para que yo no vea la tristeza del viento
que intenta ser paloma en los jardines

---

[123] La reiteración catafórica del sustantivo «sueño» tiene voluntad de intensificar pragmáticamente el poema.

devanando los arces.
Vestidme de mastranzo y de cipreses
para que sea jardín el aire
y el ocaso se cubra de jazmines
aromando la tarde.
Desnudadme de sueños y de alondras.
Dejadme al aire...
Devolvedme la infancia que he perdido[124]
porque quiero marcharme.

---

124 Esta alusión a la infancia robada, interpretada con sus ojos de mujer adulta, refiere no solo algo personal, sino el sentimiento de una generación.

3. La gacela en el jardín

PÁLIDO INVIERNO

Es pálido el invierno
como copa vacía,
como un vals desolado
que baila una mujer
sobre un mármol de espejo.
En defensa del estremecimiento,
refugiados en casa
junto a un calor prudente,
escuchamos el viento
que desciende del norte
y que rompe la armónica
distancia entre dos puntos.
El invierno es un triste
remedo del silencio,
la soledad del zapato
que no encuentra su huella.
Cuando hablo del invierno
lo hago en voz muy baja,
porque sospecho siempre
de esa pálida costumbre de mirarme.

LES ADIEUX

Les Adieux de Beethoven[125] suenan
con noticias de invierno.
Se despide el otoño,
y aquí estoy, en mi casa,
casi al borde del agua,
escuchando un silencio
de compases binarios.
La música detiene
un afán de tristeza que camina
con fiebre de horizonte.
Y sé que las palabras me defienden,
son cera entre mis manos
para crear un mundo de azucenas:
blanca palabra, flor sin tiempo
en la lógica de los calendarios.

LIMONERO LUNAR

Cuando la luna sale por los caminos,
el limonero canta una canción de fruta.
El azahar, primero, con sus botones blancos,
y un olor que perfuma todo el jardín antiguo.
Y después crecerá una fruta pequeña,
un granito de sol en las ramas más altas,
allí donde las luces comienzan su trabajo,
y acaban la tarea de las lunas redondas.
Un pájaro pequeño duerme en el limonero

---

[125] Se refiere a la *Sonata para piano núm. 26 en mi bemol mayor* del compositor, director de orquesta y pianista alemán Ludwig van Beethoven (1770-1827). M. L. Escribano era una entusiasta de sus sonatas.

y acompaña la música del frescor de la brisa.
Ha llegado un aura que viene de los montes
que acelera cosecha alegre y amarilla.
Se ha acercado una hermosa y fresca primavera.
Recordamos abril como un milagro eterno.
Volverá el calendario a traer su sonrisa,
pero no olvidaremos esa voz que convoca
cada año al milagro de una flor y una fruta.

MAYO

Tengo un dolor punzante
porque abril se ha marchado[126],
y ha dejado su huella
de color y perfume.
Abril y las estrellas
que atraviesan los cielos
y que tienen los nombres
de unos hombres alegres.
Cada estrella, un recuerdo,
un desconsuelo triste.
De mi padre conservo
un brillo planetario.
Y así voy por la vida,
rememorando abriles
con noches de planetas,
y esa paz infinita
de la flor y la fruta.

[126] La mención al mes de abril se refiere al mes de nacimiento de su padre; igual sucede con las «noches de planetas», pues es conocida la afición del profesor Escribano a la observación del cosmos.

4. La incertidumbre de la gacela

SE LLAMA PAULA[127]

Desde la luz primera
vive conmigo.
Hemos andado juntas
muchos senderos.
La llevo en la maleta
de los amores.
—La quiero como un amo
quiere a su perro—.
Crecimos con los trigos
de los veranos.
Cruzamos el Pisuerga
una noche con luna.
Aprendimos canciones
junto a los ríos,
y llegamos al mar
una mañana alegre.
A veces, cuando canto
ella canta conmigo,
canciones que recuerdan

[127] La poeta se refiere a sí misma; su nombre completo era María Luz Paula Genoveva Escribano Pueo.

la ancianidad del mundo.
Y ahora, cuando dormimos,
soñamos juntas
historias de desvanes
y de muñecas.
Se llama Paula...
olvidé el apellido,
pero tiene mis ojos
y esta mala costumbre
de amanecer con tristeza.

LUNES

Cuando albean los lunes
y el mundo se despierta,
todo tiene un sabor a muchedumbre,
a humanidad cansada y a resaca.
Un cigarro nos salva
de la angustia primera,
de la pereza justa
para empezar el día.
El teléfono suena
con voz impertinente,
ignorando que el tiempo
no olvidó las cervezas
y aquel pálido ron
del último convite.
Los lunes tienen algo
de palidez marmórea
justo cuando el espejo
nos devuelve el cansancio,
las ojeras y el tiempo
de las conversaciones
perdidas en la noche.
Los lunes tienen mucho

de soledad siniestra,
cuando espera la luz de la oficina,
el autobús cansado
de semáforos rojos
y el tiempo que nos queda
para alcanzar un sábado.

ME VOY QUEDANDO ATRÁS

Me voy quedando atrás
pero te espero.
Atraviesa los bosques,
sube a las cordilleras,
baja hasta los arroyos
y ven porque te espero.
Yo sé que hay en el mundo
pálidas sonrisas,
muchachos con voz arrebatada,
hombres rudos y mujeres claras,
pero a ti no te encuentro
y ven porque te espero.
Conozco las distancias,
pero atraviesa bosques y maniguas,
pisa la nieve alta
y baja hasta los ríos
hasta escuchar mi voz,
triste cuando te amaba,
porque siempre te espero.

EL TELÉFONO

El teléfono tiene una mudez de muerte
nadie llama o recuerda o respira en la noche[128],
alguien guarda un recato, todos ignoran
que habito entre los vivos.
De pronto, una llamada impertinente
te vende sueños baratos e imposibles,
es esa voz metálica, que suena a latrocinio
y te deja en la boca la frialdad del hielo.
Alguien, sin duda, me ha dejado en olvido,
en ese territorio de los desvanes viejos,
allí donde se hacinan los trastos inservibles,
las maletas antiguas de viajes ya pasados.
El teléfono aguarda una antigua llamada,
un corazón de voz sonando en la distancia,
el recuerdo de un tiempo feliz y memorable,
una sangre latiendo por antiguos caminos.
Alguien, sin duda, me ha dejado en olvido
Yo espero que, despacio,
alguien tenga mi imagen
en un rincón del alma
o en un hueco del sueño.

VIVO EN EL TERCER PISO

Vivo en el tercer piso
de una desolada tristeza.
La turba de vencejos

[128] Nueva muestra de complicidad con Gloria Fuertes; en este caso, indirecta, a su poema «Poeta de guardia» donde expresa la madrileña: «Y nadie suena, o quema, o hiela o llama / en esta noche, / en la que, / como en casi todas, / soy poeta de guardia».

pone luto en los cielos
como un negro presagio
de mis piernas dormidas.
Por la ventana veo
su inquietud incesante,
y el mundo se detiene
solo por un momento.
No puedo ver el mar
con sus mareas dulces,
sino escombros de nieve
que duermen todavía
en las cumbres más altas.
Junio en los calendarios,
julio en la lejanía,
ahora agosto se acuesta
entre mis brazos.
Mi casa, al fin, mi casa[129].
Miro al techo y paciente,
converso con pastillas,
como si todo el mundo
se encerrara en un frasco.

[NO PUEDO VER EL MAR...]

No puedo ver el mar,
ni jugar con la arena.
En mi memoria guardo
el rebalaje blanco
y el brillo de las piedras.
Mis piernas, tan dormidas,
sueñan un mundo antiguo:
pasear por los verdes
caminos de la vida.

---

129 Poema escrito en 2014 tras un regreso hospitalario.

CLINICA INMACULADA[130]

Los hospitales tienen un blancor de tristeza,
una costumbre dulce de silencio humanísimo,
la sonrisa muy breve del celador que pasa
aliviando el dolor solo por un instante.
Por las ventanas entra el sonido de un río:
es el Genil que corre como un caballo loco
y se allega a mi cama con afición de campo,
aquel que se me acerca con vocación de frutos.
Tienen los hospitales un silencio de espuma,
conversación que emana de gargantas muy pobres,
doloridas y leves entre sábanas blancas,
suspiros que se escapan y que no vuelven nunca.
Por la ventana pasa un escombro de nieve
allá en las altas cumbre de la Sierra Nevada
y un centón de vencejos que trazan en el cielo
la extensa geometría loca y desenfrenada.
Los hospitales guardan un dolor contenido,
esa nívea esperanza de que un Dios nos acuna.

SALOBREÑA[131]

Qué difícil la ola,
y otra agua que regrese a mis manos:
perfume desvaído de las algas,
caracolas de plata,

---

[130] El poema se ambienta en la Clínica Inmaculada, el sanatorio donde Mariluz Escribano pasó internada semanas en diferentes épocas (2014-2019) a causa de su enfermedad. Allí se produjo su fallecimiento.

[131] Salobreña es un pueblo de la costa granadina donde Mariluz veraneó desde mediados de los años ochenta hasta 2018.

ruiseñores de mar como gaviotas,
el gesto marinero de los niños,
vapores y barquillas, pescadores,
olor, olor, olor rememorado
de la infancia lejana por la arena
de un mar que no regresa,
que ya es otro,
entre azul y amaranto,
de aquel que, recordado,
me funde el sol en la memoria.

SI ME OLVIDO DEL MAR[132]

Si algún día me olvido del mar
y del nombre marengo de las gentes,
y no veo navegar a los veleros
ni percibo la brisa y sus colores,
el sol brillante de los rebalajes
azuleando piedras, caracolas
y arenas amarillas.
Si algún día confundo
un lago con el mar,
y no escucho el sonido de las olas,
será que habré perdido
un amor en mi vida,
una digna manera de morirme,

---

[132] Aquí encontramos un diálogo con otro de sus poetas predilectos, Jorge Guillén, en concreto con su poema, «El mar es un olvido». Asimismo, se reitera su preocupación por la pérdida de la memoria, presente igualmente en otros textos escribanianos como se ha indicado. En opinión de García Linares, «Olvidarse del mar es olvidarse de la vida y para Escribano no hay vida sin memoria, no hay vida sin la evocación de las caracolas, de los azules, de los niños, de los veleros, de las palabras que llegan y se retiran, que dicen y que callan, que mueren y que viven en las espumas azuladas del tiempo» (García Linares, 2021, 128).

un inútil olvido
de aquel tiempo feliz
que fue la infancia.

AZAHAR

De tanto azahar, consuelo.
Tanta ternura blanca del mandarino
que extiende sus aromas
por el jardín primero.
Se vuelve luz la tarde y ha nevado.
Sobre un verdor intenso
la nieve ha descendido
como un dormido invierno
extemporáneo.
De tanto azahar, consuelo.
Beso una rama y caigo
en un sueño profundo.
No es nieve, no es nieve,
es la cálida luz de primavera
que bendice con flores.

5. La gacela pensativa

ME GUSTARÍA TENER

Me gustaría tener
los años de mi infancia,
una pelota roja, un cielo azul,
una muñeca triste y un silencio,
la lluvia en el cristal de la ventana
como un alegre río,
los pájaros al borde de la noche,
la luna iluminando el jazminero,
mi madre controlando los relojes
de los violines muertos.
Hoy, cuando es junio en la rosa,
me gustaría habitar
los años de mi infancia[133].

NIÑOS

Los niños han dejado
silenciosa la casa.
Por los valles el viento

---

133 Estamos ante una remembranza añorante de la infancia que conecta claramente con *Sopas de ajo* (2001).

se los lleva muy lejos.
¿Dónde están sus palabras?
Los he visto marchar
con los ojos cerrados,
cuando la luna enciende
su voz en las almenas.
Y estoy triste en el denso
silencio de las horas.
Se apagaron las lámparas
del cuarto de sus juegos,
y solo quedan huecos
de risas en el aire.
La soledad se esconde,
gime en la amanecida,
mientras ellos respiran
el aire que me niega
su ausencia en nuestra casa.

LOS NIÑOS SOLDADO[134]

Tienen la piel oscura como oscura es la noche,
y los ojos tan negros como la piel de un toro,
guardan para sus madres una sonrisa dulce,
pero en sus casas suena el fragor de la guerra.

Conocen la metralla que estalla en las esquinas,
las bombas que producen la sangre derramada,

---

[134] Tal y como percibe Gioconda Belli, en «Los niños soldado», «sus imágenes logran, con enorme sencillez y honda poesía, trasladarnos a ese escenario, casi desde el punto de vista de los propios niños. A través de sutiles contrastes, consigue conmovernos hasta las lágrimas. Pienso en imágenes como: su pequeñez de almendras, el arma bajo la almohada de sus sueños infantiles, las estrellas, y el juego de muerte donde, a pesar de todo, no pierden su inocencia, su alegría de ángeles guardadores de la vida» (Belli, 2021, 130-132).

los obuses que cantan una canción de muerte
en las oscuras noches cuando la paz se aleja.

Son los niños soldados, pequeños como almendras,
que duermen con un fierro debajo de la almohada,
hasta que albea el día, vuelven a las trincheras,
y al escombro que deja la guerra por las calles.

Son niños de la guerra, uniforme de harapos,
un fusil en la mano y una tristeza oscura,
quieren matar y matan con la alegre inocencia
de los ángeles buenos que nos guardan la vida.

Ahmed mira estrellas en las noches oscuras
donde vuelan silentes aviones enemigos,
y enarbola el fusil o la ametralladora,
y prepara su cuerpo para un juego de muerte.

PIDO LA PAZ[135]

Pido la paz del mundo para todos,
pido pan para el hambre de los desheredados,
y pediré también un libro para el niño
que conoce el olor del fusil en sus manos.
Pido paciencia al hombre que utiliza sus brazos
laborando en la tierra feraz de los secanos,
cuando el olivo tiende sus ramajes azules

[135] De un modo general se vislumbra en el título y en el primer verso la idea de Blas de Otero («Pido la paz y la palabra») que luego se va ampliando con su ideario propio. Del mismo modo, también hacia la «Alocución al pueblo de Fuentevaqueros» de Federico García Lorca hay un gesto cómplice, aunque reactualizado al mundo globalizado, en los versos «pediré también un libro para el niño / que conoce el olor del fusil en sus manos».

sobre la tierra yerta de los abiertos campos.
Para el hombre del mar pido paciencia
y cosecha abundosa en las noches sin luna,
cuando el agua ha perdido sus zafiros azules
y lo oscuro se adentra en el susto del agua.
Para el mendigo pido una caricia suave,
además del dinero que lo salve del hambre,
del frío y la tristeza de una casa adumbrada
en la que reina el helor feroz de los inviernos.
Pido el perdón del mundo para los asesinos,
aquellos que mancharon sus manos con la sangre
de muchos de los nuestros dejándonos sin padres,
dejándonos sin hijos y sin pan para el hambre.
Pido la paz del mundo para todos.

OLVIDOS DE GRANADA[136]

El cemento ha crecido en la pradera:
y una guerra ha pasado por Granada.
Obuses de ladrillos levantan su insolencia
y dejan la tristeza de campos arrasados.
Era el verde sereno de los campos abiertos,
tranquilos con el alba de los amaneceres,
era una historia antigua de caminos y acequias
cercando una ciudad con un nombre de fruta.
Los espíritus ciegos, señores innombrables,
destruyeron despacio la alegría del árbol,
y talaron con saña un centón de alamedas
como si fueran muertos tendidos en la tierra.
Los especuladores llenaron sus bolsillos,
y Granada perdió lo mejor del paisaje,

---

136 Poema de rotundo compromiso con el medio ambiente y la defensa de la naturaleza.

lo mejor de una tierra centenaria por siglos,
la serena conciencia del trigo y los maizales.
Una pálida luz estremece la tierra,
cristales y ladrillos sobre las calles tristes,
antes una pradera verde como esmeralda
en la que trabajaban unos hombres alegres.
Azahares en flor y limoneros
manzanos y ciruelos, júpiter y nogales,
flores del pato, acequias, rosales y jazmines,
mastranzos y espiguillas, junto a ríos pequeños.

La ciudad de Granada ha perdido la guerra.
Los especuladores guardarán de por vida
una negra conciencia de destrucción y muerte.

UNA SILLA VACÍA[137]

Una silla vacía es el corazón del tiempo.
Certeza que vivimos cuando algo se nos muere
y nos deja en las manos el helor del invierno.
Una silla vacía es la amarga evidencia
de que una voz termina y se escucha el silencio.
Las conversaciones acaban en un bosque
de palabras heridas por su propia impotencia,

---

[137] Para Alí Calderón, «la silla vacía es imagen ausente y, al propio tiempo, imagen-soplo. Para Didi-Huberman, la palabra *imagine,* entre los romanos, era una máscara mortuoria. Sabiendo esto, entendemos que "la palabra despliega la memoria, la memoria supone imagen, la imagen recubre el nombre y regresa a la cosa". La imagen es el rostro del muerto. La imagen de la silla vacía en tanto imagen-soplo, es "forma plástica invisible de un aliento, de la palabra de los muertos". "La silla vacía" construye una atmósfera. Es el tiempo de los ausentes. ¿Son el padre o el amigo quienes dejan impreso en la imagen su hálito? ¿La potencia visual, en tanto presente reminiscente, redime o condena? Lo único claro es que Mariluz Escribano ha sabido hacer de la imagen que detona una epifanía "inocente" una ontofanía inquietante» (Calderón, 2021, 141).

la presencia de un mundo de butacas vacías
allí donde crecían las risas y las copas.
Las maderas antiguas delatan a los muertos,
denuncian los silencios y las conversaciones,
las canciones antiguas que no regresan nunca,
esa paz del amigo o esa risa del padre.
El corazón del tiempo se sienta en una silla,
allí donde los niños empezarán sus vidas.
De pronto, como un rayo, la vida los aleja
y nos deja un sabor amargo a despedida.

GABO[138]

Cruzan los teletipos los océanos azules;
ha muerto Gabo dicen, como si fuera un cuento,
allá en Colombia habita el buitre que cantaba
esa mala noticia que nos deja tan huérfanos.
El eco lo repite: ha muerto Gabo,
y un profundo dolor deja en los ojos lágrimas.
Macondo está de luto, con sus callejas lóbregas
y sus hombres alzados sobre el polvo del tiempo.

Cien años de soledad son pocos
los que nos deja el hombre
que levantó una patria con nombre de Macondo,

---

[138] «La poeta advierte la tristeza de las mujeres y los hombres de Macondo porque, más allá de la orfandad que entraña la muerte de su creador, sabe bien que se trata de una tristeza atávica, amarrada a un porvenir adverso y a veces trágico de un mundo cuya geografía física está en el Caribe colombiano, Mariluz Escribano pero su cartografía espiritual está en el corazón de millones de lectores. Esa tristeza es la que precisamente conmueve a Mariluz Escribano, porque ella supo a lo largo de su poesía y su ejercicio docente contemplar el corazón humano con sus vicisitudes y relieves. La tristeza de los habitantes de Macondo es la justificación para escribir una elegía» (F. Díaz Granados, 2021, 143).

habitada por hombres y por mujeres tristes
tan solos en un mundo ajeno a la aventura.

Solo queda en Colombia un rincón ignorado,
Macondo se llamaba y Macondo se llama,
algún aventurero buscará con presteza,
aquellos peces de oro de Aureliano Buendía[139].

ENVEJECEN LAS COSAS

Envejecen las cosas de la casa.
El cuadro aquel de la holandesa triste[140],
los payasos de Manuel Maldonado[141],
la acuarela inglesa de una Alhambra desnuda,
los grabados pequeños del siglo dieciocho.

Envejecen las cosas con lentitud de horas
y el aire se estremece porque un mundo se acaba.
Se termina una vida dulcemente ordenada,
claramente perfecta, con ambición de amparo.

Los libros agrupados en las estanterías
duermen en la quietud su color amarillo,
las manos los liberan con guiño generoso,
y vuelven a la vida con un gesto risueño.

---

[139] Aureliano Buendía, uno de los protagonistas de *Cien años de soledad* (la obra de Gabriel García Márquez), antes de marcharse a la guerra, dedicaba su tiempo a la orfebrería y diseñaba peces de oro.

[140] Cuadro holandés situado justamente detrás del sillón en el que se sentaba Mariluz Escribano en su salón de estar.

[141] Manuel Maldonado (Granada, 1915-1984) fue un pintor granadino figurativo. Mariluz Escribano poseía varias obras suyas, entre ellas, un óleo con unas máscaras de payaso.

El teléfono suena con una voz antigua,
una desgana anónima que aproxima el recuerdo,
al otro lado nadie que conozca mi nombre
porque el tiempo ha borrado la voz de mis amigos.

Envejecen las cosas y también las palabras:
ahora me cuesta mucho escribir estos versos.

ESCRIBIRÉ UNA CARTA PARA CINCO[142]

Cuando surja la luz de primavera,
y las rosas dibujen sonrisas de colores,
escribiré una carta para cinco muchachos,
contándoles lo mucho que gané con la vida.

Escribiré desde una nube blanca,
con una tinta azul que no la borre el tiempo,
porque no volveré a pisar las arcillas,
ni la dura tristeza del asfalto.

Contaré que mi vida
fue una historia muy larga,
con mapas y lecciones
en un palacio antiguo[143],
el fragor de los trenes
hacia el país del trigo,
la lluvia sobre el mar

142 El poema está dedicado a sus cinco hijos.

143 Se refiere al Palacio de las Columnas (calle Puentezuelas) donde estaba en los años cincuenta la Facultad de Filosofía y Letras de Granada; tras el cambio de sede de esta en los años setenta ante la imposibilidad de albergar a tanto alumnado, actualmente allí se imparten las materias asociadas a Traducción e Interpretación.

y las arenas suaves.
El Cantábrico allí,
tan lejos de Granada.

Después vinieron ellos,
esos cinco muchachos,
y los días pasaron
con nanas y con besos,
con los ojos dormidos
en cuna almidonada.

Mi corazón estuvo
siempre en guardia con ellos.
Y ahora que han crecido
y conocen los mundos de las hierbas,
los nombres de los pájaros,
la música del mundo,
los placeres del libro,
creo que ya he cumplido
mi misión en la tierra.

Escribiré una carta para cinco
cuando la primavera arribe
y me inunde la casa de amarillos[144].

---

[144] Véase, para establecer la conexión con Gabriel García Márquez en relación con el amarillo, la nota 99 del estudio preliminar.

Geografía de la memoria

Mariluz Escribano charlando con Carmen Calvo, vicepresidenta del Gobierno, en la entrega del premio Elio Antonio de Nebrija de las Letras el 15 de enero de 2019. Dicho acto tuvo lugar en la Subdelegación del Gobierno en Granada.

Parte I
Del jardín en que habita la memoria

DETRÁS DE LOS VISILLOS

Te escribiré en septiembre,
cuando los bosques incendiados
tengan la luz del cobre
y las hojas desciendan
en el aire calmado
hasta una hierba dulce.

Tengo en la mano un pájaro
y una rama de cedro,
y sé que el ruiseñor
se aventuró en su historia
de atravesar el mar.
Primero descansó en la fuente de mármol
del jardín en que habita la memoria.
Cuando levantó el vuelo y me dejó su canto,
me desnudé de una música bella,
y entonces recordé
que te debía una carta
en la que te contara
las pequeñas historias de mi vida,
esas que no conoces,
aquellas que perdieron el sabor de la tierra,

el aire de los álamos
en la pradera verde,
el olor de los frutos,
el sonido feroz de las tormentas.
Te escribiré una carta cuando llegue septiembre,
y pueda recordar el olor del mastranzo,
y el color de ese pájaro
que tuve entre mis manos,
antes de volar alto a la cumbre del cielo.

TE REGALO MI NOMBRE[145]

Te regalo mi nombre y apellidos,
la vida inquieta que dejó en mis manos
una historia que no fue infancia alegre,
sino aquello que no pude contar.

Te regalo la parte que fue buena,
la de los trigos y las amapolas,
los caballos, majuelos y los juegos
en las bodegas y en los palomares,
cuando alzaba gorriones en mi pecho
y veía volar a las perdices.

---

[145] La poeta y profesora María Rosal Nadales ha apuntado que, en «Te regalo mi nombre», «el sujeto poético desgrana su historia y su memoria, las raíces y las cicatrices. Y el silencio, un silencio mucho más elocuente que un grito: "aquello que no pude contar". En la intimidad de la salita, en la conversación cómplice de las mujeres, el poema discurre entre líneas y veladuras. No es un legado de sombras, pero están ahí. Para que no se olviden. Aunque no se puedan contar, aunque no se vean. Están. Y el sujeto poético muestra el camino, su legado: fuerza de voluntad para ignorar, no para olvidar. Para seguir viviendo con lo que la vida nos da. Y, sobre todo, con lo que nos quita» (Rosal, 2021, 151).

Te regalo mi vida, si la quieres,
no solo mi apellido,
porque hay mundos de acero insobornable
que no se ven. Con voluntad se ignoran.

ESTA CIUDAD[146]

Esta ciudad conoce mis zapatos.
He dejado en sus calles
las huellas de mis pasos desde un mes de diciembre,
cuando el frío y las rosas dejaban su perfume
y la nieve caía parsimoniosa y triste.

Crecí con las sonrisas de una madre
y aprendí a caminar despacito en Castilla.
Después de muchos soles
y algunas aventuras
regresé a mi ciudad
y subí a la Sabika[147].
Atravesé dos ríos
con arenas de oro
hasta llegar al verde de una Huerta[148]
en donde me esperaba
un Federico muerto.

Mi ciudad era dorada
con un fondo de nieve

---

146 Poema de largo aliento y corte biográfico donde hay un recuerdo melancólico a una Granada más vegetal. Es otra clara muestra de su crítica al urbanismo desaforado que durante los últimos años ha llenado de cemento cada espacio verde de la ciudad. Para abundar sobre esta temática, véase Murillo Cubillas (2020).

147 La Sabika, colina donde se asienta la Alhambra. Véase nota 112.

148 Huerta de San Vicente.

y un olor a frutales, linos y tabacos
y trigo en la pradera.

Nací en una ciudad
con un nombre de fruta,
y ahora que perdió
bajo el cemento el trono,
alguna antigua calle
reconoce mis huellas.

Parte II

Con la casa encendida[149]....

LUNA[150]

No cierres la ventana, madre,
que quiero ver la luna,
que su luz expandida
llegue hasta los rincones
donde duermen los sueños de la infancia.

Desde la cama-cuna
escucho la tenada,
un sonido de esquilas
despaciosas y alegres
velan el sueño de los corderos.

No cierres la ventana, madre,
que me borras la infancia.

---

149 Clara alusión a Luis Rosales. Lo ve de la misma manera Josep M. Rodríguez: «Parece obvia la referencia a Luis Rosales y a un libro en el que, a su manera, el también poeta granadino escribe sobre sus muertos más íntimos. Cualquier muerte cercana termina por formar en nuestro interior un agujero negro. Mucho más si es la muerte de un padre» (2021, 155).

150 Se percibe el juego con «Si muero / dejad el balcón abierto» lorquiano. La muerte para la poeta se identifica aquí con que se le «borre la infancia».

NADIE ME DIJO NUNCA[151]

Nadie me dijo nunca,
cuando niña,
que tuviera cuidado con mis horas,
y me las fui dejando,
sin notarlo
por las plazas, el patio
y los jardines tan húmedos, a veces,
con los charcos
donde la lluvia siempre terminaba.

Tan sin tiempo mi infancia,
tan sin horas
para jugar a todo lo posible,
que la luz se marchaba
por las tardes
con una prisa loca
por dormirnos.

Mi casa era un lugar para un momento,
para multiplicar pensando en otra cosa,
o soñar con un libro entre las manos
y mirar a mi madre tiernamente
velándome el cansancio y la limpieza
y luego repetirme cada noche:
—Creces mucho;
hace falta bajarte los abrigos.
—como si no importara la tristeza
de saberme tan alta—.

---

[151] Entronca con *Sopas de ajo* (2001) y resume lo que para ella implicó la niñez inocente hasta que tuvo noticia del asesinato de su padre.

O esta niña se ha vuelto
muy rebelde,
olvida sus deberes y sus cosas
—sin prestarle atención a mi tristeza
encerrada en la casa—.

Acaso fue aquel
un tiempo trascendente
—tan corto y tan difícil—
de correr libremente por las calles;
un tiempo en el que todo
podía ser tan fácil
como subirse en marcha a los tranvías,
suspender el latín,
ganar unas canicas,
o perder una tarde,
alegremente
jugando a no hacer nada
en los desvanes.
Porque nadie me dijo,
cuando niña,
que tuviera cuidado con mis horas.

TE ESPERARÉ

In memoriam, Agustín Escribano

Te esperaré en la noche
con la casa encendida.
Doscientos cirios blancos
adornarán los salmos
y esa será la forma de quererte,
de preguntarme dónde

encontraré tus huesos[152].
Porque el olvido llega,
y se instala y crece en los armarios,
entre la ropa triste del invierno.

Nunca serás un bosque, padre mío,
ni margarita de ribazo,
ni una espiga pequeña en la pradera
jugando con el cierzo.

En la colina roja de la Alhambra
te cegaron los ojos,
y yo sé que estás muerto
por fierros y fusiles,
pistolas asesinas
para un tiro de gracia.
Aunque siempre te espero
con la casa encendida
por ver si me acaricias
con tu mano la frente.

---

[152] Después de escribir este poema, a la poeta le llegó una carta indicando la ubicación de la fosa (fosa 117, junto a la capilla), fechada en Granada en 1936 y enviada por el primo hermano de su abuelo y profesor en la Universidad de Granada Víctor Escribano a la familia de Pedrosa. Sobre esta cuestión puede profundizarse en el estudio introductorio. Por cierto: actualmente en esa ubicación (que se corresponde con la tumba 113) se encuentra la tumba de Mariluz Escribano, compartida con su madre, Luisa Pueo, y una hermana de esta, María Pueo y Costa.

Josep M Rodríguez apunta que «si hay algo que me maravilla de este poema de Mariluz Escribano es que no hay *terribilità,* odio, ajuste de cuentas. La escritura se convierte así en un acto de amor. Y en un ejemplo» (2021, 156).

EL PRIMER AMOR

A Mariano Anel Colás[153],
in memoriam

Aquel chico tenía
una extraña manera de quererme.
Me seguía los pasos
silbándome canciones de Cole Porter[154],
mientras un aire transparente
envolvía Granada.

Crecía primavera en los jardines,
en los altos balcones,
y un olor a alamillos recorría
las verdes extensiones de la vega.

Lucía un sol primero
tras un invierno triste,
y en los bancos del parque
se sentaban palomas.
El mundo se acababa en un piano,
y hablábamos de música,
como si fuera inútil
comentar la nostalgia

---

[153] Mariano Anel Colás fue el primer novio de Mariluz en la adolescencia. Acreditado impresor, copropietario de la imprenta Anel, Mariluz Escribano mantuvo posteriormente una gran amistad con él y con su esposa, Valentina, hasta su fallecimiento. De hecho, fue el editor de dos obras suyas —escritas a cuatro manos con Tadea Fuentes— en los años noventa: *Diálogos en Granada* y *Los papeles del diario de doña Isabel Muley*.

[154] Cole Porter (1891-1964), pianista y compositor norteamericano, autor de *Night and day, You'd Be So Nice to Come Home To* o *True Love.*

porque el tiempo era nuevo
y el ayer no existía.
No volveré a mirar
sus grandes ojos grises
ni escucharé su risa cantarina.
Simplemente oiré,
sentada en el piano,
aquella polonesa
de un Chopin[155] redivivo.

Ahora sé que lo quise
con un afecto párvulo.
Y pues que ya no está,
miro al cielo y lo encuentro
en las estrellas diminutas
de la noche primera.

Solo recuerdo hoy,
cuando él se ha marchado,
una sonrisa eterna
una ternura niña,
y aquel silbar al viento
la canción de Cole Porter.

TANTA MADRE

Tanta madre, tanta,
tan alta como un juncal alegre
que jugara en el río de la vida.

Tengo el color de tus ropas antiguas
clavado en la pupila,

---

[155] El musico romántico Frédéric Chopin (1810-1849) es autor de 23 polonesas, entre ellas, la *Polonesa heroica.*

cuando un baúl abierto
acortaba los siglos lentamente
y asomaban abuelas y bordados,
encajes de entredoses
en manteles de hilo,
en sábanas de Holanda,
que encendían la luz en primavera.
Las ancianas abuelas
reían en los baúles
ante un aire muy limpio...

Tanta madre, tan alta,
guardiana de las horas
de los violines muertos,
de los Stradivarius[156],
aquellos que hoy dormitan
en sótanos oscuros.

No puedo recordarte
más que de esta manera:
acariciando ropas elegantes,
vigilando la hora de la música,
mientras Bach[157] deslizaba
su mano en el piano.

---

[156] Se refiere a los instrumentos musicales (en este caso en concreto, al violín) creados por el afamado *luthier* Antonio Stradivarius. Evidentemente, Mariluz no poseía un violín obra del italiano, sino que estamos ante una metonimia.

[157] Johann Sebastian Bach (1685-1750) fue un compositor y extraordinario intérprete barroco con diferentes instrumentos. A la poeta, avezada pianista, la entusiasmaban el *Adagio en re menor,* la *Suite No. 2 en si menor,* la *Toccata in C menor* o el *Preludio y fuga I a 4 voces en do mayor.*

Parte III
Porque la vida muerde

ENCIENDO UN ROTHMANS[158]

Enciendo un rothmans
y una nube ligera
se esparce por el aire,
borrando aquel poniente
detenido en los arces.

Entonces te recuerdo,
como si una paloma triste
regresara hasta el barro
y dejara en ausencia los pichones,
tan dulcemente niños.

Te vislumbro en el humo,
y por eso persisto
en evocar los bosques,
cuando enciendo un cigarro
y la almendra del sol desaparece
en un poniente rojo
para volver mañana

---

[158] Rothmans es una marca de tabaco rubio.

y dejarnos su luz
en los álamos altos de Zujaira[159].

La luz extraña de septiembre
que ilumina el granado,
me acerca tu voz
y aquel sabor extraño
de tu boca en mi boca.

NO PUEDO MIRARTE

No puedo mirarte a los ojos
por tanta lluvia que anegó la vida
y que dejó en tu rostro
las huellas de la pena.
Porque la vida muerde
con dientes de pantera,
y trabaja en los surcos
de las primeras risas,
de los llantos primeros.

Acuérdate de mí
cuando el espejo
te devuelva una imagen
que no es tuya,
la cara en almoneda
que apenas reconoces,
y el corazón rendido
por el cuchillo atroz de las heridas
que dejaron los ríos de las lágrimas.

---

[159] Zona de la Vega de Granada dependiente del municipio de Pinos Puente, a unos 20 km de Granada.

PARA UN NIÑO CON SUEÑO

Qué dulce es la alegría de arroparte,
niño con paz celeste.
En tanto en que se ocultan tus ojos
te cantaré una canción de invierno
mientras cierras los párpados
y sueñas con un ciervo.

Porque todos los pájaros,
ya dormidos en el árbol más alto,
guardan su canto alegre
para la amanecida,
y hay un silencio intenso
que convoca a la escarcha.

Mañana será otro día
para contarte,
cómo el ciervo habitó en un bosque[160]
cubierto de esmeraldas,
mientras la pájara pinta
arrulla con su canto
la luz de tu ventana,
y en ella abandona olor a limonero
y azahar prematuro.
Niño dormido, escucha
esta canción de invierno
que convoca a la luna.
Por la mañana sabrás
que mayo ha florecido
dando luz a tus ojos.

---

[160] La poeta se refiere aquí al bosque de Glenn Helen (situado en Yellow Springs, Ohio).

Parte IV
Los senderos del bosque

EL BOSQUE DEL GLEN HELEN[161]

En Yellow Springs, Ohio

Regresaré al Glen Helen cuando el tiempo adivine
el frío inaplazable: es decir, cuando otoño.
Los senderos del bosque
tendrán la voz inquieta
de los cuentos de hadas.

---

[161] El bosque de Glen Helen fue una donación realizada en 1929 al Antioch College por el abogado y empreario Hugh Taylor Birch en memoria de su hija Helen. Conformado en un principio por 700 acres que se han ido ampliando progresivamente con terrenos colindantes, es una reserva natural de la biosfera de incalculable valor. Mariluz Escribano, durante su periodo como profesora en el Antioch College, paseaba con frecuencia por los senderos de este esplendente espacio natural protegido, en el que proliferan diferentes especies autóctonas de árboles, algunos de los cuales son varias veces centenarios. Considera José Cabrera que «el simbolismo rítmico se alía a la naturaleza y «El bosque de Glen Helen», poema de título homónimo, se convierte en la meditación y el lugar del regreso final cuando alcance el cuerpo «el frío inaplazable» a través de unos versos contenidos en un ritmo pausado de silva (etimológicamente 'selva', bosque, naturaleza, en suma)» (2020, 164). Por su parte, Ana Merino apunta algo que me interesa mucho: «El poema arranca con el compromiso del retorno condensado en un tiempo otoñal que empieza a reconocer la llegada del frío. Junto a la sensación climatológica está la construcción del mapa donde los senderos

Y pisaré despacio esas primeras hojas que descienden
del ginkgo biloba y los castaños,
los fresnos, las acacias y los prunos:
esa vegetación afín a los bordados
de unas sábanas blancas de la abuela.
El ambiente es dorado,
con una luz cambiante
porque el verde se va de retirada,
y el agua se desliza y burbujea
por una piedra del color del cobre.
Arriba, un azul Prusia
que convoca a la noche.

Oiré el cristal del canto de un pájaro
en la copa de una acacia dorada:
el rojo cardenal
cantará en las alturas.
Hablará con el viento
y con el carbonero;
el mirlo primavera
contestará en el fresno,
y el gorrión cantarín
se acostará en el pino.

Volveré al Glen Helen
en Yellow Springs, Ohio,
bien llamada primavera amarilla,
para encontrar las huellas
de aquel tiempo encendido.
Sinfónica manera de habitar un bosque

---

hacen el bosque habitable y lo domestican. Mariluz reconoce la familiaridad de los bosques de los cuentos de hadas y ella misma se transforma en personaje de un cuento para condensar en los versos sugerentes escenas. ¿Es acaso la niña que camina y va pisando las hojas mientras piensa en las sábanas bordadas y blancas de la abuela?» (Merino, 2021, 160).

donde una partitura se levanta
y nos deja en el alma
el himno de los pájaros.

YO QUIERO SER UN ÁRBOL

Yo quiero ser un árbol,
mirar desde la altura,
entender de qué hablan
sus hojas en la brisa
y abrazarme a su tronco
en plena primavera
para oír cómo canta
la savia en la madera.
Aprendo su paciencia
creciendo lentamente
en sus hojitas nuevas,
en sus desnudas ramas,
en sus flores primeras.

Superan mi estatura
cada año que pasa,
y son lentos, muy lentos,
con sosiego apreciable.

Yo quiero ser un árbol
para ver los ocasos
y comprobar que el mundo
tiene un sueño tranquilo
cuando todo es silencio
y los pájaros duermen
mientras sueñan que vuelan.

Parte V

Cuando regresa el ábrego

ESCUCHA LA CANCIÓN DEL BOSQUE[162]

Cuando los calendarios anuncien primavera
escucha la conversación del bosque,
esa que llega suave a través de la brisa
y mueve al corazón con los brotes primeros.

Abraza al cedro
para oír el ventalle de los aires
y que la vida entera de sus años
te regale paz y sabiduría.

Mira los alamillos
que charlan con los pájaros,
dialogan con el agua en sus raíces
y vuelan con sus hojas bicolores.

---

[162] Justifica la teoría herderiana de que «todo lo que suena en la naturaleza es música; tiene sus elementos en sí, y necesita solo una mano que los saque a la luz, un oído que los oiga, un sentimiento que los perciba» (Herder, en Lukács, 1966, 11).

Y escucha con paciencia
el trino en soledad del ruiseñor,
delicado instrumento en la floresta,
que canta porque habla
un idioma sereno, inalcanzable
desde un violín eterno en su garganta.

Nota cómo la floración primera
deja en los senderillos
la blancura del lino,
y cómo las conversaciones
se expanden en gorjeos
y vuelo apresurado.

Deja que te penetre
serenidad y sosiego:
permite que hable el bosque
o nunca aprenderás
una sinfónica manera
de entender y amar tu vida.

DESVÁN

Dejadme en el desván
de los violines muertos,
allí donde descansan los relojes,
los viejos pentagramas,
la oscuridad de las bombillas,
los libros de la infancia,
los ríos de los atlas,
viejas fotografías
que dejaron sonrisas y posturas
de hermosas damas, bisabuelas del tiempo
perdido en la nostalgia.

Ciega en medio del polvo,
oiré una música extraña
que puede ser Prokofiev[163] o infantil barcarola[164].

Dejadme en el desván al que nunca jamás
se asomarán los pájaros,
porque hay niebla de siglos,
y el silencio se expande como frágil promesa
de acercar el pasado.

LA SOLEDAD

La soledad tiene la sangre negra.
El mar de las habitaciones de la casa
se impregna de tristeza,
y hay voces y pequeñas risas
de días que pasaron,
de un tiempo que se fue,
alegre como el fuego.
Porque la soledad tiene sus normas,
una delicada manera
de perder los afectos
y olvidarse del mar o los arroyos,
por donde navegaban
barcazas legendarias
y niños que jugaban
con pájaros azules,
peces y marengos.

---

[163] Compositor y pianista ruso, Serguéi Prokófiev (1890-1951) autor del *Concierto para piano núm. 1 en re bemol mayor, Concierto para piano núm. 3 en do mayor* o la sinfonía *Pedro y el lobo.*

[164] Se trata de una composición tradicional de los *gondolieri* venecianos. Posteriormente grandes compositores, como Chopin *(Barcarola en fa sostenido mayor, para piano, Opus 60)* u Offenbach *(Los cuentos de Hoffmann)* las integran en sus óperas.

Destila el aislamiento
una tristeza amarga,
y un silencio que habita
los días del calendario.

Cuando regresa el ábrego
y los árboles cantan en el jardín de invierno
dejando que desciendan
las ramas y las hojas,
su sonido consuela por un rato,
ahuyentando al silencio.
Si es el mar el que vuelve
con espumas y olas
y sonidos que baten las arenas,
es también la alegría
de los silencios rotos
que alejan soledades
para evitar tristezas.

MENDIGO DE INVIERNO

Me da miedo el mendigo
cuando severas amarguras
lo arrojan al asfalto
y al gris de los cementos.
La luz de los escaparates
es su butaca confortable.

Me dan pudor sus ojos acerados,
sus dedos extendidos con urgencia,
la delgadez extrema de sus labios,
las manos ateridas, su voz ronca.

Y paso por su lado y sufro
cuando llego a mi casa luminosa,

y recuerdo vivamente
que le di la limosna sin mirarlo.
Me ahorré unas palabras de consuelo
que son las que ahora duelen.

BANDERAS

Levantaremos las banderas blancas
en el lento descenso de las calles.
Tranquilos y en silencio,
porque hablamos de paz
en el rápido transcurrir del viento.

Alzaremos las banderas verdes
por defender los bosques, las praderas.
Tranquilos y en silencio:
los gritos solo sirven
para irritar conciencias.

Izaremos las banderas negras
por aquellos que han muerto
sin encontrar razones
delante de soldados
vestidos de fusiles.

Subiremos al aire
las banderas azules
por los niños que sufren
eternamente hambrientos,
continuamente tristes.

Levantaremos todas las banderas
tranquilos y en silencio,
tragándonos las lágrimas,
porque, a veces, el mundo
parece enloquecido.

MI CIUDAD MARINERA[165]

Mi ciudad marinera
sin sol ni sombra,
marinera a lo lejos,
perdido el mar.

Yo navego entre brumas
de mi nostalgia,
navegando, navego,
¡barco a la mar!

Pececillos dorados
de sol naciente
los remos levantados dejo pasar.

¡Allá se va mi pena
remando sola,
perdida en el ocaso
de mi ciudad!

Mi ciudad marinera
sin sol ni sombra,
marinera a lo lejos
perdido el mar...

---

[165] Se trata del primer poema escrito por Escribano del que existe noticia (calculo que lo compuso en 1957). Son notorias las influencias albertianas y se ambienta en la localidad granadina de Almuñécar, rememorando su infancia.

Parte VI
La canción del viento

SALISTE DE LA NIEBLA

Saliste de la niebla
de aquel bosque encendido de noviembre,
palomas en las manos
y un jilguero en la frente.

Las nubes bajas
dejaron agua en tu pelo,
y una sonrisa azul
acompañó al zureo.

Abandonaste las tristezas,
y me contaste
el susto de la niebla
que impedía acercarse
a la canción del viento,
al enhiesto rojizo de los árboles.

Doncella de la niebla,
por una vez dejaste
de ver el cielo limpio
de un vesperal otoño.

DEBAJO DE LOS LAURELES[166]

¡No la despiertes...!
Debajo del laurel duerme la niña.
Mariposas doradas baten el aire
convirtiéndolo en brisa.
Deja que duerma en la amable
sombra del laurel. ¡No la despiertes!
Sueña con un ciervo en la pradera verde
allí donde los pájaros
dejaron melodías.
Y mañana cantará
con un sueño de nubes
y un lejano recuerdo
le bailará en los ojos.
¡Que no, no la despiertes!

NARANJAS

¿Recuerdas los naranjos de tu patio?
Invernales los soles de sus frutos,
daban calor al aire de tus juegos:
aquella bicicleta, o el caballo,
aquellas correrías por veredas,
y aquel trepar hasta la altura
de más luz por coger una naranja.

La fruta de tu infancia
tiene un sabor de frío

[166] Interpretación de una canción popular del folclore granadino de tradición oral.

y un olor persistente
a lejanía, a un tiempo por venir
que tocaba a la puerta con cautela
porque se llama flor de azahar.

¿Recuerdas los naranjos de tu infancia?
Yo sí porque me lo contaste
en una tarde de melancolía
mientras zureaban las palomas
lejos del nido y los pichones.
Yo rezaré por que no olvides
aquellas naranjitas,
soles de invierno.
¡Naranjitas, niña, naranjas...!

VUELVE PRONTO[167]

Para Mica, en Nueva York

Vuelve pronto, regresa,
que ya viene el otoño
en el viento amarillo de los prados,
y yo echo de menos tu sonrisa,
las cosas que me cuentas, tus canciones,
y ese dormir atento a mi llamada

---

[167] Me atengo a la interpretación de Sergio Arlandis: «su título, de naturaleza claramente apelativa, se compone de un verbo (acción) que implica un movimiento, que no es de aventura (marcharse, salir), sino de recogimiento, de regreso del hallazgo del mundo, lo que nos sitúa en una concreta curvatura temporal, poco dada a la juventud y sí a la vejez o, como mínimo, a la madurez. Junto a esta condición, que ya implica un tiempo, aparece ese "pronto", en calidad de adverbio, que marca, de nuevo, una temporalidad y una urgencia, tomada como deseo frente al imperativo del verbo: el deseo frente al tiempo, que todo lo recorre y lo matiza» (2021, 167).

cuando te necesito
en las noches oscuras.

Vuelve pronto, regresa,
que los mares profundos nos separan,
y es dura la distancia
cuando nadie nos habla de la vida,
lo que pasa en las calles transeúntes,
lo que susurra el viento al compás de la lluvia,
el lejano horizonte de la piedra en las sierras,
o aquel muchacho azul
que murió hace unos días.

Regresa, al fin, regresa,
date prisa y no tardes:
nos esperan los densos alamillos
en las praderas verdes.

Y ahora que es un tiempo de nostalgias
porque llega el otoño apresurado,
tenemos que viajar hasta Zujaira,
para mirar, tranquilas,
cómo rezan los álamos
su dorada canción hacia los cielos.

VOLAR ALTO

Si quieres volar libre
por los abiertos campos,
pídele al ángel bueno
que te convierta en pájaro.

Irás de los laureles
al limonero,
y más tarde a la fuente
para limpiar tus plumas.

Volarás con el simple
movimiento del cuerpo,
y si eres paloma, acaso,
jugarás con los niños
en las plazas redondas
rodeadas de tilos.

Si quieres volar alto,
libre en el viento,
ve de árbol en árbol
y abandona tus trinos
en las florestas verdes,
de los bosques fragantes.

En el ciprés tendrás
cobijo para el frío,
y en primavera
tu canto volverá con febrero.

Si quieres volar libre
pídele al ángel bueno
que te convierta en pájaro.

COMO EL TRIGO

Tan rubia como el trigo de verano,
tan azul como el mar sobre tus ojos,
te espero en la ventana por si acaso
recoges amapolas en tus dedos.

Y vas y vienes, cantas,
y tu voz es espejo de tu risa,
niña dorada bajo el jazminero
de aquel puerto de mar que nos espera.

Entonces serán verdes tus pupilas,
y adornarás tu pelo con las flores
que descienden al suelo adormecidas,
como si una canción las acunara.

VENECIA

Volverás a Venecia
cualquier día de sol resplandeciente,
cuando el amor regrese
a esa ciudad antigua
que navega en canales.

Te esperan las palomas de la Piazza San Marcos
las violas que provocan
lágrimas inusuales
en aquel café que lucía lámparas de Murano[168],
y amantes duplicados en espejos
esperando la noche.

Volverás a Venecia,
a la vieja ciudad de los canales,
los altos campaniles
y la vejez del tiempo
que se niega a morir
en los palacios.

Una música lenta
pisará tus zapatos,
por los puentes oscuros,
y una canción melódica,
desde las góndolas,
te llevará al Adriático,
el mar de los cristales.

---

168 Se refiere al Café Florián que está en la Piazza San Marcos.

Volverás, volverás a Venecia,
por ver a un *gondoliere*
navegar mientras canta.

CUANDO MIRAS AL MAR

Cuando observas el mar,
el azul navega por tus ojos,
tu mirada se engarza con las olas
y el blanco de los barcos
deja rastros de algas en los globos.

Cuando miras al mar
hay un fácil recuerdo de mareas,
un olor a salitre y a barcazas
llenas de peces tristes, plateados.

Y luego, el jazminero
trabaja en tus pupilas
y son verdes aquellas
que azules parecían.

Y vuelves a mirar a la distancia
cuando retornan de nuevo las mareas,
el azul regresa hasta tus ojos,
aguas marinas en tu cara.

CUANDO TE VAS

Cuando te vas, solo queda un hueco,
humo, niebla, aroma, que conforman la casa,
hasta que los relojes se detienen
y alcanzan la quietud de la madera.

Cuando te marchas,
la noche canta en vano,
porque el silencio guarda tu memoria
y desconozco los trenes que te alejan.

Y es que ignoro el camino que transitas.
Por eso, una lágrima se esconde
fugaz y pudorosa
en el alba que espera tus noticias.

CUANDO REGRESAS

Cuando regresas,
el día se viste de domingo,
el sol entra en la casa
hasta oscuros rincones de memoria,
y una luz que se expande
borra de la nostalgia
el silencio imposible,
el terror de las horas incesantes
en el reloj con música de fondo.

Cuando regreses
se oirán las campanas mañaneras,
los alegres bronces de la ermita,
aquellos que convocan a los rezos,
a la quietud del templo,
a una limosna antigua,
o al bordado de un velo.
Canta, niña dorada,
las canciones antiguas,
esas que hablan de fuentes,
lentas aguas de río
y montañas nevadas
que impiden ver las rosas.

Y después hablaremos
de lo que ha sucedido,
noticias de la calle
impregnadas de lluvia.

Si vienes con un pájaro en el pecho,
los cielos se abrirán para gozarlo.

RESACA

Los lunes amanecen con resaca.
Danzan en la cabeza
las últimas conversaciones,
los cansados silencios
de las postreras copas.
Tristeza de un domingo
con nostalgia primera
que abandona la luz de la alegría
por la puerta de atrás de un dolor leve.

Un último vaso de ginebra,
un penúltimo beso de cereza,
la esperanza de un domingo lejano
para alcanzar de nuevo la alegría.

Los lunes se cargan de tristeza,
los amigos, qué lejos los amigos,
las bromas y las risas,
los besos transeúntes
con sabores de frutas,
la luna que se esconde
porque casi amanece.
Los bronces se despiertan
con el sabor amargo
de la primera brisa.

EN LA NOCHE

Cuando llegue la noche,
guardaré entre las sábanas
ese llanto incesante
que me deja desnuda.

Los días como lagos,
la paciencia del viento,
los árboles crecidos
con las primeras flores,
adornan mis ventanas.
Y es todo lo que veo
en la quietud del tiempo,
en la densa tristeza
de mis piernas inmóviles.
Mañana volveré
a ejercer la paciencia.
Escucharé a los pájaros
y miraré sus vuelos,
porque ellos cantan
inexplicablemente,
mientras yo desemboco
en la quietud más densa.

LA VIRGEN DE LA OLMA[169]

Viene la primavera
y en el aire calmado de los brotes,
los árboles escuchan

---

[169] Alusión a una ermita situada en Pedrosa del Príncipe a la que acudía siempre en sus últimas visitas al pueblo. Recoge, en concreto, la últi-

las canciones del viento.
Es ahora, bajo la buganvilla,
cuando recuerdo un día del estío,
sentada en el atrio de la ermita,
mientras las golondrinas
paseaban su luto inquieto
en las enredaderas
de los cables eléctricos.
Pues a fe que el silencio
sangraba por la piedra románica.
Era julio en la ermita bajo la luz del páramo.
Allá lejos cantaban las campanas
de un pueblo adormecido de Castilla,
adobe, piedra y bronce,
rompiendo un aire calmo,
de una azul transparencia,
que acariciaba el rostro
con un frescor amable.
En el amarillo de las eras
los restos del naufragio,
pequeñitas parvas
y bieldos y rastrillos.
Más allá, el verdor del Pisuerga,
majuelos olvidados,
diminutos huertos,
sinfónicos colores
en la quietud del tiempo.

---

ma en la que tuve la oportunidad de acompañarla y refleja con precisión milimétrica cada detalle del paisaje.

CUANDO ME VAYA[170]

Dejaré un silencio en el recuerdo,
sonidos de una voz que fue muy joven,
y un aroma de sándalo y cipreses
para que no me olvides.

Y ahora, cuando el sol desaparece,
y hay promesa de una noche clara,
las estrellas se esconden
y están muertas de tanta nívea luz.

Dejaré abierta la ventana.
Un gorrión divulgará mi huida,
y un frescor de mañana
anunciará mi marcha,
con trémula voz para llamarte.

Cuando me vaya,
perderé las praderas,
los bosques encendidos de noviembre,
el verde del jardín en primavera,
la tenue luz de los planetas,
la sonrisa de un niño,
el calor de un amigo,

---

[170] Se trata del poema con el que la autora me encargó que se cerrara su poesía. Fernando Valverde acierta al afirmar desde el conocimiento que da la amistad, que aquí encontramos «el testamento literario de Mariluz [...] es un inventario de aquello que la poeta no habría querido dejar nunca, de las cosas con las que iba a fundirse después del último aliento: el sándalo, los cipreses, el sol, la noche, las estrellas, la luz, el gorrión, la mañana, las praderas, los bosques encendidos, el jardín en primavera, los planetas, los caminos, un perro, el fuego y, finalmente, el trigal» (Valverde, 2021, 175).

lágrimas de dolor por los caminos
que transité tan alta,
la caricia de un perro
que dio fuego a mis manos.

Cuando me vaya,
habré perdido tantas cosas
que creceré en trigal por no morirme.

Apéndice
Inéditos y manuscritos

II

Te cansarás, amor, de tantas tardes
pletóricas de luz y de campanas,
y olvidarás la flor del macasat desnudo,
de tanto olor dolida entre mis manos.
Y el romerillo aquel que, entre tus ropas,
dejaba una humedad inacabada,
y una fragancia inevitable, transparente,
duramente apretada entre tus manos
Te cansarás, amor. Ya estás cansado.
Sólo en la tarde, inacable y honda,
ronda fugaz de pájaros azules
perdura en el floral y abandonado rito.

«Te cansarás, amor, de tantas tardes / pletóricas de luz y de campanas, [...]». Poema inédito. Conservado en el archivo del Patronato Federico García Lorca de Fuentevaqueros.

En primera persona

El otoño venía
amarillo de estrellas
F.G.L.

En primera persona de septiembre,
frontera del verano,
regreso hasta mi casa y sus jardines,
con una ciudadana
voluntad de silencio.
Volver hasta la lluvia,
envolverme en las brumas del paisaje,
permitir que la sombra me conduzca
a una concreta sensación de urgencia
de escribir una carta,
o de abrir la esperanza
de las conversaciones, los amigos,
en lo que otoño deja en mi ventana,
lo que septiembre olvida,
generoso, en mis manos

[illegible]

octubre. 98

«En primera persona». Poema inédito. Conservado en el archivo del Patronato Federico García Lorca de Fuentevaqueros.

Octubre

El magnífico sauce
de la lluvia, caía.
F. G. L.

Amarillece octubre
y un rojo de cerezas
encoloriza el poniente.
Acaso la tristeza
es una historia antigua
que reposa y que canta
dando luz a la tarde.
Octubre, octubre llora
sobre un paisaje espeso
de hombres con paraguas

Mariluz Escribano
Octubre. 98

«Octubre». Poema inédito. Conservado en el archivo del Patronato Federico García Lorca de Fuentevaqueros.

Mi corazón de niña está guardado
en el armario aquel
donde mi madre
conserva entre perfumes
sus tristezas,
los recuerdos que tiene
y los pañuelos.

De vez en cuando lo saca y me lo airea,
y es mi madre que vuelve a sus bordados
o soy yo que repaso mis lecciones,
a quedarme dormida sobre el Atlas
soñando con la tierra tan redonda
como aquella naranja
que mi madre ponía en mi cartera
por si nunca volvía
o si tardaba.

Luego le quita el polvo y lo ~~devuelve~~ regresa
al cajón silencioso del armario,
para que me lo ponga cuando vuelvo
tan cansada de todas estas cosas

«Mi corazón de niña está guardado / en el armario aquel [...]».
Poema inédito. Conservado en el archivo del Patronato
Federico García Lorca de Fuentevaqueros.

1936

(En el mes de agosto era,
en el mes de agosto fue,
dicen que ya lo mataron,
que lo matarán ~~después~~, tal vez
que si Federico ha muerto
nadie lo debe saber...)

Un río de sangre oculta
tiene a Granada en un grito:
~~ya nadie~~ ninguno quiere mirarse
en ojos desconocidos,
porque nadie sabrá nunca
donde crece el enemigo,
donde estará el que traiciona
desde un oscuro escodrijo.
Ni el hermano de su hermano,
ni el amigo del amigo,
ni familiares cercanos,
ni la madre de sus hijos:
nadie se fía de nadie
que todo está corrompido
y en Granada, por las noches,
suenan puertas, crecen gritos,
y el miedo viene cortando
las esquinas con sus vidrios.

(Sobresalto de palomas
con madrugadas de tiros)

Mecanuscrito del poema «1936» [Dios te salve Federico].
(Sigue en las cuatro páginas siguientes.)

Valdés está en su despacho,
la muerte firma con él:
ya ha matado a tres mil hombres
y matará más después.
Federico, entre sus manos,
es un muerto por nacer.
!Qué lo metan en la celda,
que le traigan de comer
y que se lo lleven pronto
que yo no lo quiero ver!
!Que lo maten a la una,
que lo entierren a las tres!
Yo firmaré la sentencia
y la romperé ~~después.~~ también
Que si es preciso se mienta
y se niegue de una vez,
y se silencien las voces
que nos preguntan por él.
Que Federico es un muerto
que ha de morir de una vez.

———

Hacia los cerres del Norte
llevan preso a Federico.
Tiene los ~~ojos~~ labios cerrados
los ojos enrojecidos...
De los campos de Zujaira
sube un recio olor a cirios,

un sonido de campanas,
un suspiro estremecido,
y una bruma tenue, leve,
desdibuja los caminos
y suprime los perfiles
de los montes granadinos.

Ya no preguntaba nada
que ya lo da por sabido:
al amanecer, mañana,
en tierra estará metido,
en el cauce de un arroyo,
debajo de un gris olivo
donde da la vuelta el aire
con olores de tomillo.
Guardan silencio los pájaros
en el aire amanecido.
Por los valles, por los montes
vaga un viento dolorido.
Madrugada de calizas
~~amanece en~~ estremece los olivos.
~~Senderos~~ y las veredillas tienen
~~con~~ un lejano olor de trigo.
— — — —
Un golpe duro en el pecho,
un cuerpo en tierra tendido,
último aroma de alba:
!Dios te salve Federico!

(Que su muerte fue a las cinco,
que se derrumbó a las seis,
que sangró por siete heridas
de la cabeza a los pies.)

Federico por los cauces,
Federico por los ríos,
Federico por el cielo,
Federico se ha perdido...

Corazón por las alturas
corazón entre los lirios,
corazón sobre las aguas,
corazón desvanecido
~~transparentes de los ríos~~

Alondra por las choperas,
aguanieve en los olivos,
golondrina por las nubes,
gorrión de los altos tilos.

Dios te salve por las ramas,
Dios te salve por los trigos,
Dios te salve por las nubes,
Dios te salve entre los mirtos,
Dios te salve entre las gentes,
Dios te salve en tus amigos,

García Lorca ?

Dios te salve, Dios te salve,
Dios te salve, Federico.
(Un galope de palomas
por los campos se ha perdido)

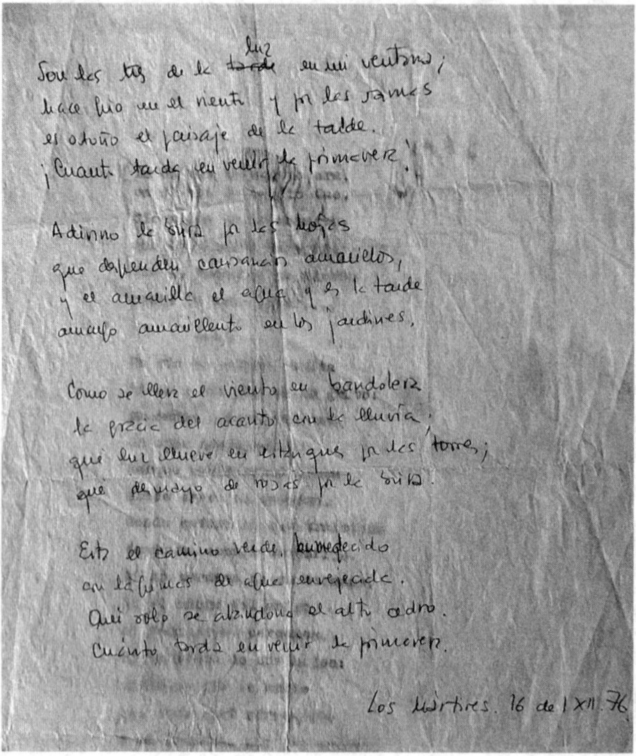

Son las tejas de la ~~tarde~~ luz en mi ventana;
hace frío en el viento y por las ramas
es otoño el paisaje de la tarde.
¡Cuánto tarda en venir la primavera!

Adivino la brisa por las hojas
que desprenden cansancios amarillos,
y es amarillo el agua y es la tarde
amargo amarillento en los jardines.

Como se lleva el viento en bandolera
la gracia del acanto con la lluvia;
qué luz llueve en estanques por las torres;
qué desmayo de rosas por la brisa.

Esto es camino verde, humedecido
con lágrimas de agua envejecida.
Qué solo se abandona el alto cedro.
Cuánto tarda en venir la primavera.

Los Mártires. 16 de I XII. 76

Manuscrito del poema «Carmen de los Mártires».

Hoy yo debo decirte: estoy cansada,
y el otoño me viene por la rima
dorado en su color, y me lastima
doliéndome su luz extenuada.

Lejos tengo la paz de tu mirada;
mi sombra hacia tu sombra se encamina.
Déjame, sueño, que a mi sueño imprima
el afilado grito de tu espada.

Déjame, amor, dormir sobre tu pecho,
que viene ya la aurora enardecida
denunciando la nieve del invierno,

Y hay en el aire un olor a helecho,
a crisantemo, a rosa desvaída,
a escarchado agrés, hermoso y tierno.

Manuscrito del soneto «Hoy yo debo decirte».

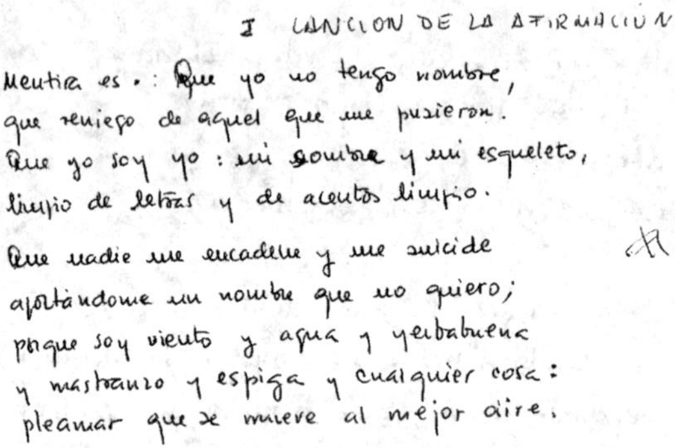
I CANCION DE LA AFIRMACION

Mentira es: Que yo no tengo nombre,
que reniego de aquel que me pusieron.
Que yo soy yo: mi sombra y mi esqueleto,
limpio de letras y de acentos limpio.

Que nadie me encadene y me suicide
aportándome un nombre que no quiero;
porque soy viento y agua y yerbabuena
y mastranzo y espiga y cualquier cosa:
pleamar que se mueve al mejor aire.

Manuscrito del poema «Canción de la afirmación».

Nadie me dijo nunca,
cuando niña,
que tuviera cuidado con mis horas,
y me las fui dejando,
sin notarlo.
por las plazas, el patio
y los jardines tan húmedos, a veces,
con los charcos
donde la lluvia siempre terminaba.

Tan sin tiempo mi infancia,
tan sin horas
para jugar a todo lo posible
que la luz se marchaba
por las tardes
con su prisa loca
por dormirnos.

Mi casa era un lugar para un momento,
para multiplicar pensando en otra cosa,
o soñar con un libro entre las manos
y mirar a mi madre,
tiernamente,
velándome el cansancio y la limpieza
y luego repetirme cada noche:
crece mucho;
hace falta bajarte los abrigos
—como si no importara la tristeza
de verme tan alta—

O, esta niña se ha vuelto
muy rebelde,
olvida sus deberes y sus cosas
—sin prestarle atención a mi tristeza
encerrada en la casa—

Acaso fuera aquel
mi tiempo trascendente
—tan corto y tan difícil—
de correr libremente por las calles;
mi tiempo en el que todo
podía ser tan fácil
como subirse en marcha a los tranvías,
aprender el latín,
jugar a las canicas,
o perder una tarde,
alegremente,
jugando a no hacer nada
en los desvanes.
Porque nadie me dijo,
cuando niña,
que tuviera cuidado con mis hor

Manuscrito del poema «Nadie me dijo nunca».

SALOBREÑA

Qué dificil la ola,
y otra agua que regresa a mis manos:
perfume desvaído de las algas,
caracolas de plata,
ruiseñores de mar como gaviotas,
el gesto marinero de los niños,
vapores y barquillas, pescadores,
olor, olor, olor rememorado
de la infancia lejana por la arena
de un mar que no regresa, que ya es otro,
entre azul y amaranto,
de aquel que, recordado,
funde su sol en la memoria mía.

Mecanuscrito del poema «Salobreña».

Colección Letras Hispánicas

Últimos títulos publicados

823 *El hereje,* Miguel Delibes.
Edición de Mario Crespo López (3.ª ed.).
824 *La forja de un rebelde,* Arturo Barea.
Edición de Francisco Caudet (2.ª ed.).
825 *Los parientes de Ester,* Luis Fayad.
Edición de José Manuel Camacho Delgado.
826 *Ocnos. Variaciones sobre tema mexicano,* Luis Cernuda.
Edición de Jenaro Talens.
827 *El acero de Madrid,* Lope de Vega.
Edición de Julián González-Barrera.
828 *Nos quedan los dones,* Eliseo Diego.
Edición de Yannelys Aparicio y Ángel Esteban.
829 *La boba para los otros y discreta para sí,* Lope de Vega.
Edición de Ane Zapatero Molinuevo.
830 *Jardín concluso (Obra poética 1999-2009),* Guillermo Carnero.
Edición de Elide Pittarello.
831 *Guatimozin, último emperador de México,* Gertrudis Gómez de Avellaneda.
Edición de Luis T. González del Valle y José Manuel Pereiro Otero.
832 *Comedias burlescas del Siglo de Oro.*
Edición de Ignacio Arellano Ayuso e Ignacio D. Arellano-Torres.
833 *Por el sótano y el torno,* Tirso de Molina.
Edición de Laura Dolfi.
834 *Poesía,* Garcilaso de la Vega.
Edición de Ignacio García Aguilar.
835 *Entremeses,* Miguel de Cervantes.
Edición de Adrián J. Sáez.
836 *Sin porqué (Poesía esencial 1970-2018),* José Corredor-Matheos.
Edición de Ricardo Virtanen.
837 *Nada,* Carmen Laforet.
Edición de José Teruel (4.ª ed.).
838 *dentro del animal la voz [Antología (1982-2012)],* Olvido García Valdés.
Edición de Vicente Luis Mora y Miguel Ángel Lama.
839 *Piedra y cielo,* Juan Ramón Jiménez.
Edición de Jorge Urrutia.

840 *Contra Paraíso,* Manuel Vicent.
Edición de Raquel Macciuci.
841 *Los raros,* Rubén Darío.
Edición de Ricardo de la Fuente Ballesteros y Juan Antonio Pascual Gay.
842 *Barlaán y Josafat,* Lope de Vega.
Edición de Daniele Crivellari.
843 *El azar nunca deja cabos sueltos (Antología 1960-2020),* Jenaro Talens.
Edición de José Francisco Ruiz Casanova.
844 *Casa con dos puertas, mala es de guardar,* Pedro Calderón de la Barca.
Edición de Juan Manuel Escudero Baztán.
845 *Desengaños amorosos,* María de Zayas.
Edición de Alicia Yllera.
846 *Cuentos,* Sergio Pitol.
Edición de José Luis Nogales Baena.
847 *Hélices,* Guillermo de Torre.
Edición de Domingo Ródenas de Moya.
848 *Poesía completa,* Diego de San Pedro.
Edición de José Francisco Ruiz Casanova.
849 *El loco Estero,* Alberto Blest Gana.
Edición de Miguel Saralegui y Yosa Vidal.
850 *Negra espalda del tiempo,* Javier Marías.
Edición de José Antonio Vila Sánchez.
851 *Teatro completo (Farsas y églogas),* Lucas Fernández.
Edición de Julio Vélez-Sainz y Álvaro Bustos Táuler.
852 *Viaje en autobús,* Josep Pla.
Edición de Xavier Pla.
853 *Canciones populares amorosas.*
Edición de Francisco Gutiérrez Carbajo.
854 *Crotalón,* Cristóbal de Villalón.
Edición de Alfredo Rodríguez López-Vázquez.
855 *Roma, peligro para caminantes,* Rafael Alberti.
Edición de Luigi Giuliani.
856 *Fuera del juego y otros poemas,* Heberto Padilla.
Edición de Yannelys Aparicio Molina y Gustavo Pérez Firmat.
857 *Una luz imprevista (Poesía completa),* María Victoria Atencia.
Edición de Rocío Badía Fumaz.
858 *La Gatomaquia,* Lope de Vega.
Edición de Antonio Sánchez Jiménez.

859 *Libro de los gatos,* ANÓNIMO.
Edición de David Arbesú.
860 *Historia del descubrimiento y conquista del Perú,* AGUSTÍN DE ZÁRATE.
Edición de Marta Ortiz Canseco.
861 *Obra literaria reunida,* LUIS BUÑUEL.
Edición de Jordi Xifra.
862 *El burlador de Sevilla,* ANDRÉS DE CLARAMONTE.
Edición de Alfredo Rodríguez López-Vázquez.
863 *Pureza,* JUAN RAMÓN JIMÉNEZ.
Edición de Rocío Fernández Berrocal.
864 *La Quimera,* EMILIA PARDO BAZÁN.
Edición de Marina Mayoral.
865 *Máscaras,* LEONARDO PADURA.
Edición de Ángel Esteban y Yannelys Aparicio.
866 *Las cuatro esquinas,* MANUEL LONGARES.
Edición de Ángeles Encinar.
867 *Relación de la guerra de Cipre y suceso de la batalla naval de Lepanto,* FERNANDO DE HERRERA.
Edición de Luis Gómez Canseco.
868 *Resonancias (Antología poética, 1964-2022),* CLARA JANÉS.
Edición de Jenaro Talens.
869 *Escenas de cine mudo,* JULIO LLAMAZARES.
Edición de Carmen Valcárcel.
870 *La velada de Benicarló (Diálogo sobre la guerra en España),* MANUEL AZAÑA.
Edición de Francisco Caudet.
871 *El gallo de oro y otros relatos,* JUAN RULFO.
Edición de Jorge Zepeda.
872 *El Solitario,* CONCHA MÉNDEZ
Edición de Berta Muñoz Cáliz y Diego Santos Sánchez.
873 *Percusión,* JOSÉ BALZA.
Edición de Juan Carlos Chirinos.
874 *Poesía completa,* MARILUZ ESCRIBANO PUEO.
Edición de Remedios Sánchez.

DE PRÓXIMA APARICIÓN

Canciones del suburbio, PÍO BAROJA.
Edición de Manuel García.
Cuentos ciertos, MAX AUB.
Edición de Eugenio Maggi.